スピーディに
人を動かす管理会計で
最高の利益体質を
つくる！

川崎晴一郎
Kawasaki
Seiichiro

秒速決算

技術評論社

はじめに

本書は、会社の利益に責任を持たなければならない経営者や管理者（社長や部長など）のための**管理会計の実践書**です。

その効果や内容が皆様のご期待に沿うものにならなければ意味がないので、まずはアウトプットのイメージを4～5ページでご覧ください。このイメージ図には、各事業部の営業利益の内訳しか記載されていませんが、売上高やそのほかの項目の内訳も同様に把握できるようになり、また各事業部からブレークダウンした、「より細かい部門」などの内訳も把握できるようになります。

「秒速決算」はその導入により、**遅くとも月末までにその月の業績を細かい単位（たとえば部門別）まで把握できるようになる**ことを目指します。会社規模で運用の難易度が大きく変わるわけではないため、**規模が大きく複雑な会社、つまり経営者や管理者が細部の業績まで把握しにくい会社ほど得られるメリットは大きい**はずです。

現在は9月〇日です。「秒速決算」では、この時点ですでに9月の結果（見込み）を把握します。

（単位：百万円）

		X年9月単月			X年9月まで累計		
		前期	当期	予算	前期	当期	予算
+	売上高	910	770	952	7,766	6,918	8,023
+	売上原価	407	309	415	3,426	2,802	3,442
	売上原価率	44.7%	40.2%	43.6%	44.1%	40.5%	42.9%
	売上総利益	503	460	537	4,339	4,116	4,580
+	販管費	464	448	435	3,940	3,939	3,941
	営業利益	38	11	101	399	176	638

【営業利益内訳】

小売事業部	56	15	103	335	310	504	PLを見る
卸売事業部	-13	-6	-1	112	-136	109	PLを見る
製造部（工場）	-4	2	0	-29	1	22	PLを見る
本部	-1	0	0	-18	0	2	PLを見る

応用すると9月時点で、年度（12月まで）の着地（見込み）を把握できるようになります。

決算期：12月
現在：9月

		X年12月単月			X年12月まで累計		
		前期	当期	予算	前期	当期	予算
+	売上高	1,017	897	1,063	10,422	9,409	10,811
+	売上原価	422	355	435	4,590	3,810	4,647
	売上原価率	41.5%	39.6%	40.9%	44.0%	40.5%	43.0%
	売上総利益	594	542	628	5,831	5,598	6,163
+	販管費	461	437	435	5,278	5,253	5,247
	営業利益	133	104	193	552	344	915

【営業利益内訳】

小売事業部	118	103	170	524	491	810	PLを見る
卸売事業部	1	-6	4	91	-154	85	PLを見る
製造部（工場）	16	6	17	-34	6	16	PLを見る
本部	-3	1	0	-27	1	2	PLを見る

- ＋をクリックすると内訳が展開されるイメージ
- PLを見る をクリックするとその事業部のみのPLに移るイメージ

さて、突然ですが、本書を手に取っていただいている皆様は、**経営数値（売上・費用・利益など）をスピーディに把握することが、儲けの増加に結びつく**という考えをお持ちでしょうか。

そもそも、経営者や管理者が日常的に経営数値を把握するのは、**会社の儲かっている部分と儲かっていない部分に気づけるようになるため**です。逆に言うと、そのような気づきができるように数値把握をしないと意味がないのですが、気づくことさえできれば**それらを改善できる**ようになります。単純な話、儲かっていない部分を見直し、儲かっている部分を伸ばすのです。当たり前ですが、これらを繰り返せば儲けが増えていきます。

そして、**改善のタイミングが早ければ早いほど儲けは増えます**。たとえば、赤字を明日止めるよりも今日止めるほうが損は少なくて済む、つまり儲けは多いですよね。

このようなことから、**経営数値をスピーディに把握することは儲けの増加に結びつくと捉えるべきであり、経営者や管理者はそのための体制を構築すべき**なのです。

多くの有名経営者が経営数値を適時管理することの重要性を説いています。そして名だたる大企業が、日次決算や月次決算早期化といった、数値把握をスピーディに行うための仕組みを導入しています。これらの事実は、経営数値をスピーディに把握することが儲けを増やす上で重要ということを示す何よりの証拠です。

本書は、経営数値をスピーディに把握できるようになるための実践書なのですが、その導入には今の仕組みを一部変更する必要があるかもしれません。**ほとんどの会社にとって導入の難易度は高くない**はずですが、新しいことを導入すること自体後ろ向きになりがちです。その上、導入するためには社内の多くの人を巻き込む必要があります。一部の経理担当者が頭をひねり続ける今までの数値管理の手法とは少し異なり、あえて推奨しているのですが、**多くの社員が数値に向き合わねばならなくなります**。

何かを変えるのは面倒ですよね。でも、面倒なことを乗り越えて得られる世界があることも、私たちは様々な経験から理解しているはずです。大事なことは、せっかく掛けた面倒が無駄にならないように**その後の世界を想像**し、それが自分たちにとって価値があるかを**事前に見極める**ことです。

「秒速決算」により得られる世界はどうでしょうか。皆様が想像しやすいように、10ページ以降に「秒速決算」導入後の変化のイメージを記載してみました。ここでピンとこなかったら、もしかすると皆様に関係のない内容なのかもしれません。

ちなみに本文でも説明しますが、**一般的な決算（貸借対照表と損益計算書の作成など）を早くできるようになるわけではありません**ので、その点はあらかじめご了承ください。

皆様の関連する会社が発展することを願って、本編をスタートさせていただきます。

○「秒速決算」は、こんなニーズを持つ経営者や管理者向きです。

❶経営判断の時間軸をもっと早めたい
❷予算を達成させるため行動修正をタイムリーに行いたい
❸利益に対する部下の当事者意識、管理意識を向上させたい
❹末端部門の業績も手間なくタイムリーに把握したい

❶および❷を解決するための「秒速決算」イメージ ⬇ 10〜11ページ

■月末までに事業別の採算（売上高のみではなく営業利益まで）を把握できるようになることを目的とします

■数値把握は月次決算のように特定のタイミング（翌月○日）ではなく、タイムリーにできるようになることを目的とします（今日数値が気になったら、今日時点でわかっている今月の着地見込みを把握します）

■応用すると翌月以降の採算も当月中に把握できるようになります

■実績の把握がタイムリーになるので、予算達成に向けたタイムリーな行動修正を可能とします

❸を解決するための「秒速決算」イメージ ⬇ 12〜13ページ

- 個々の数値集計は、経理担当者でなく各事業部の現場社員が実施します
- 事業別の各数値（売上および費用）を現場社員から収集し、とりまとめ、採算を管理するのは事業責任者が主体となって行います
- 経理社員は、数値集計に関し現場社員と経営者へのアドバイザー的な立場になります
- 多くの社員が数値と向き合うため、採算への理解や当事者意識が高いメンバーが増えます

❹を解決するための「秒速決算」イメージ ⬇ 14〜15ページ

- 多くの階層がある会社ほど末端部門のパフォーマンスがブラックボックス化しますが、それら末端部門の採算についてもタイムリーに見える化できるようになります
- 仮にボトルネックとなっている中間管理職がいた場合、その中間管理職を飛び越えた下部組織のマネジメントが可能となります
- 末端部門の社員であっても「社長に数値を直接見られる」環境になることで、業務により緊張感がもたらされます

Before

行動遅い
➡儲け↘

業績に関する経営者の行動

静

- 経営者にとっての具体的経営判断材料は、まだない
- 月末を過ぎるまで様子見
- 売上向上のためにはっぱをかける程度はできる

動

- 月次決算を見て前月の採算を把握
- 進行月の売上の状況程度は把握する
- 上記をベースに現場へ行動修正の指示

当月 → 当月末 → 翌月

数値把握の材料

- 売上報告で売上がわかる
- 稟議で経費がわかる
- 情報が散らばっている
- 部門長であれば自部門が儲かっているかいないか程度はわかる（正確な金額は不明）

- 経理が数値集計（月次決算）を完成させ、部門別の採算を把握できるようになる

⬇

※ 会社によっては部門別の採算はわからず、あるいは翌月末までに数値すら出ない

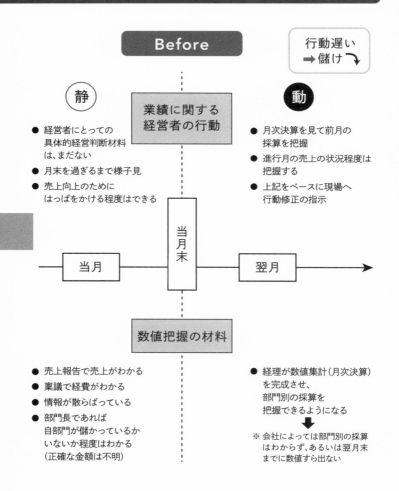

秒速決算で変わる！ 経営判断の時間軸

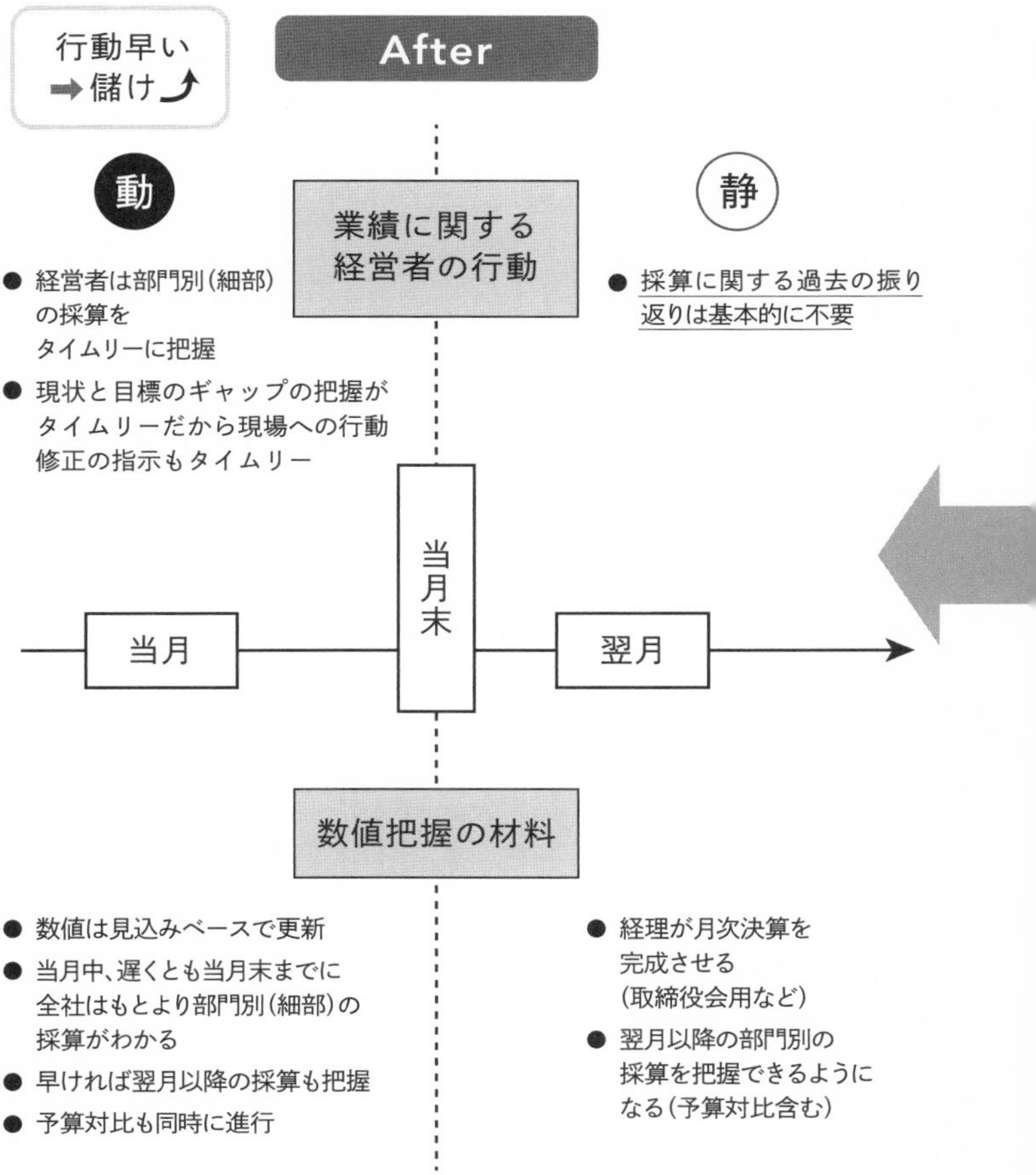

行動早い
➡儲け
After
動
静
業績に関する
経営者の行動
● 経営者は部門別（細部）の採算をタイムリーに把握
● 現状と目標のギャップの把握がタイムリーだから現場への行動修正の指示もタイムリー
● 採算に関する過去の振り返りは基本的に不要
当月
当月末
翌月
数値把握の材料
● 数値は見込みベースで更新
● 当月中、遅くとも当月末までに全社はもとより部門別（細部）の採算がわかる
● 早ければ翌月以降の採算も把握
● 予算対比も同時に進行
● 経理が月次決算を完成させる（取締役会用など）
● 翌月以降の部門別の採算を把握できるようになる（予算対比含む）

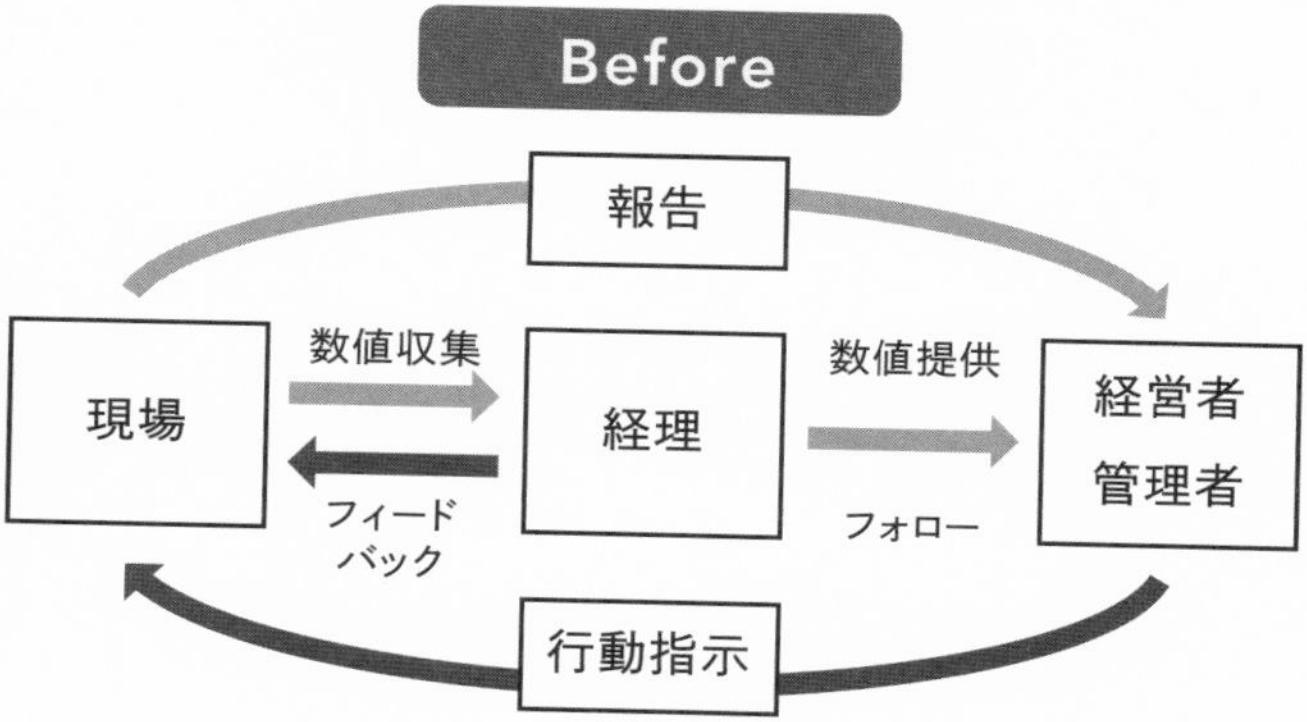

経理が数値情報をいったん収集・集計し、
現場と経営陣の板挟みとなる。

- 数値情報の伝達スピードが遅い。行動指示のフィードバックはさらに遅い
- 数値伝達が間接かつ遅いので、情報の整理・理解のためのミーティングが必要
- 経理は経営者にせかされるので、現場をせかし、忙しく、煙たがられる存在
- 現場と経理の連携不足による数値ミス多発（現場は経理を軽んじがち）
- 数値管理能力は、経営陣と経理チームのみに帰属しがち

秒速決算で変わる！ 数値集計フローと社員の意識

After

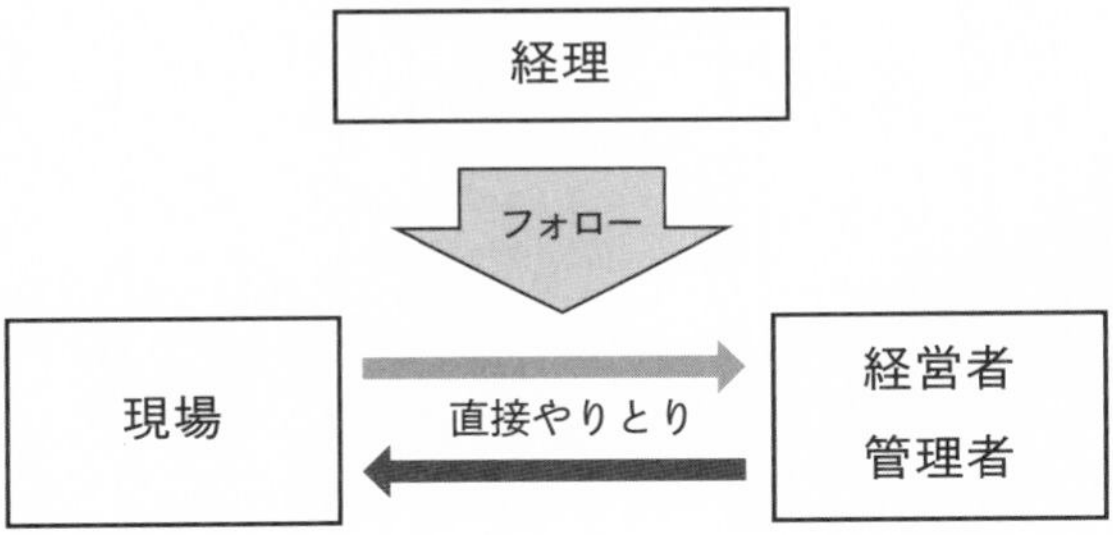

現場と経営陣で数値のやりとりを直接行い、
経理は基本的にフォロー。

- 数値情報の伝達スピード、およびそれに基づく行動指示のフィードバックが速い
- 数値伝達が直接かつ適時なので、ミーティングをしなくても数値把握に困らない
- 経理は現場をフォローする立場になり、感謝される存在へ
- 現場と経理チームの連携改善により、外部報告の数値の精度も向上
- 現場の数値管理能力が向上 ➡ 各自の意識改革で利益改善

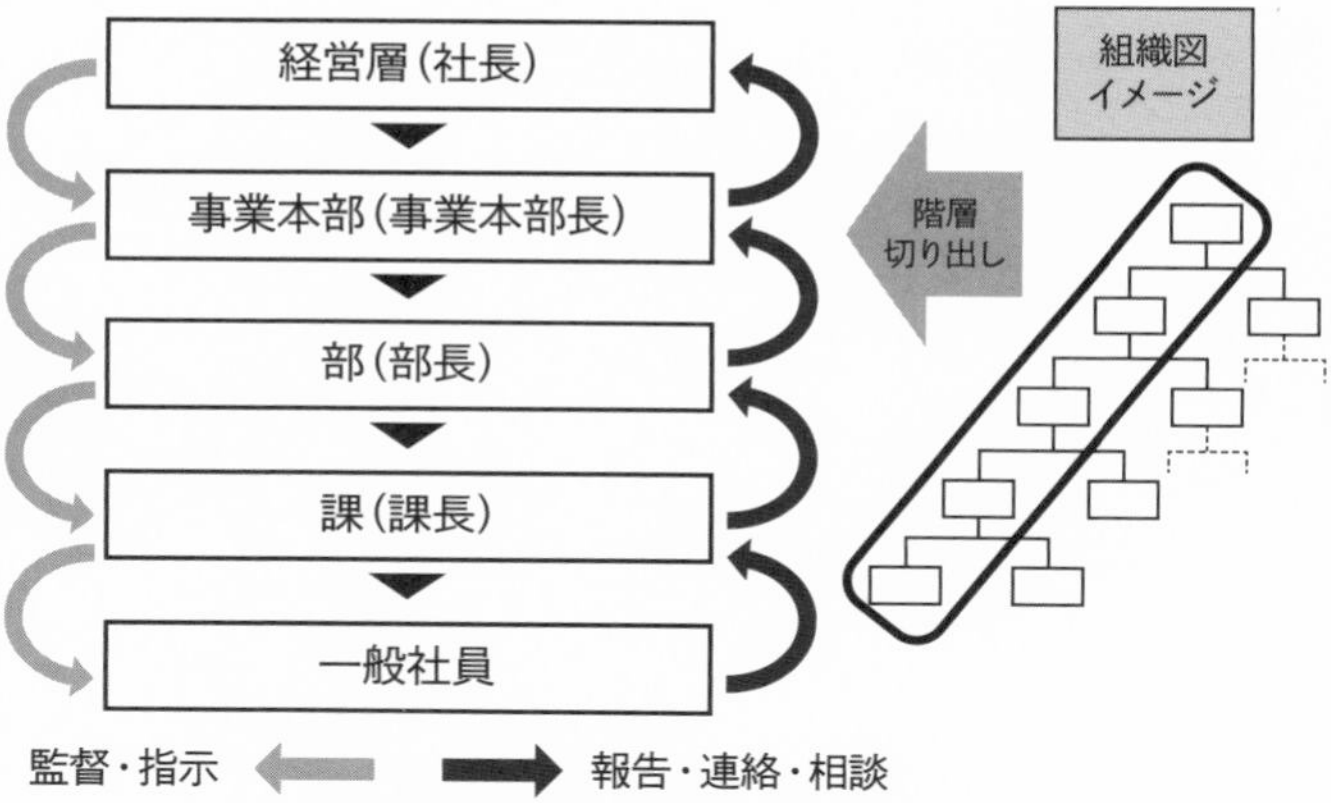

Before

- 基本的に、部下は直上司に報告（連絡・相談）をし、上司は直部下の監督・指示をする
- 階層を飛び越えた情報収集は上司にとっても部下にとっても困難
- 一般社員にとって社長の顔は見えにくく、社長が一般社員の活躍を把握することはほとんどない
- 間に組織全体にとってのボトルネックとなる上長（部長や課長）が存在すると、それ以下の組織の成長が止まる、ないし腐敗が進行することがある

組織が階層硬直的となり、末端まで動かすのに時間がかかる。一般社員にとって社長は意識する必要性が薄い遠い存在のため、社長の考えていることは他人事のようでなかなか浸透しにくい。

秒速決算で変わる！　末端部門の業績把握も簡単に

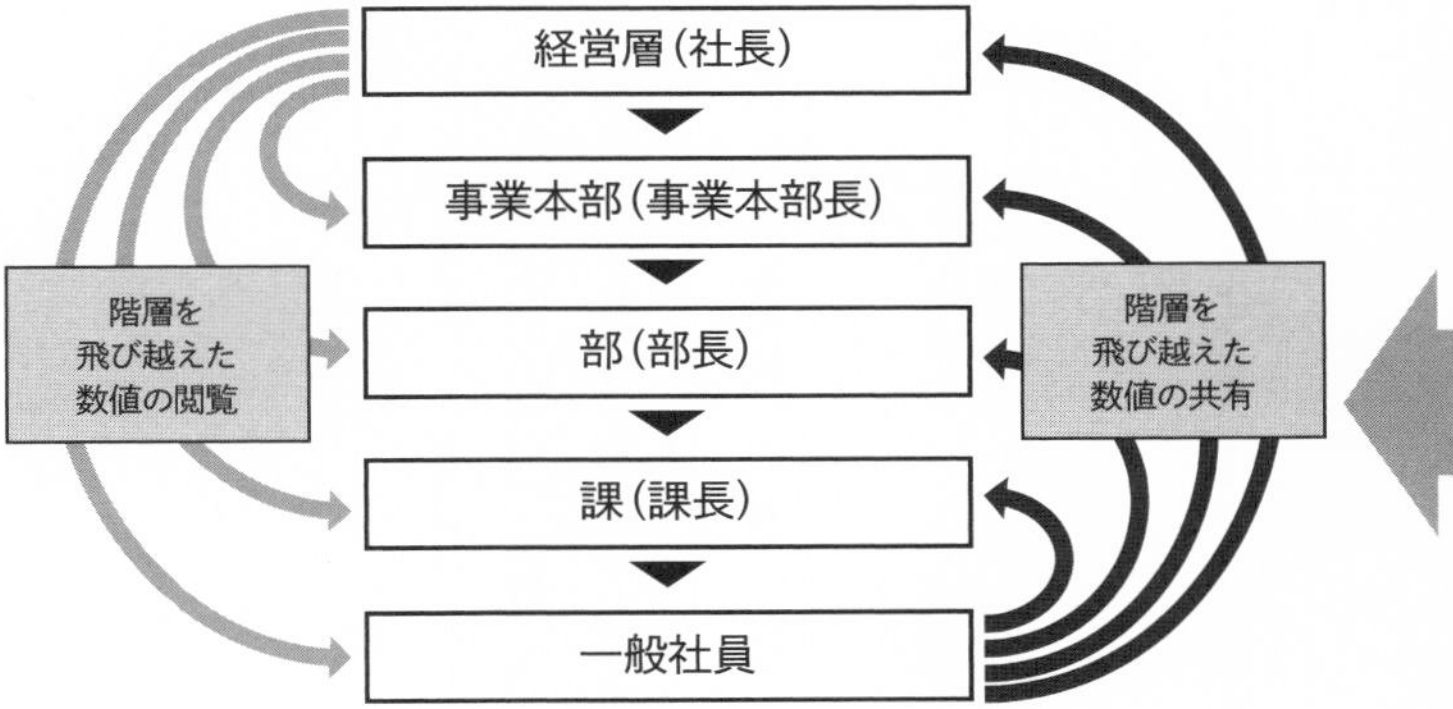

After

- 基本的に、部下は直上司に報告（連絡・相談）をし、上司は直部下の監督・指示をするのは従前の流れと同じ（マネジメントの便宜上）
- 数値に関して、下の階層で更新する情報が上位階層者にも共有される。下の階層の担当者は、社長にも直接見られる可能性があることを意識して数値管理を行う必要がある
- 社長は、末端部門までの数値情報に容易にアクセスできるようになり、階層を飛び越えた部や課、ひいては社員の活躍を把握できるようになる
- 数値管理を通じて階層を飛び越えたマネジメントも可能となる。たとえば、ある「課」が苦戦している場合、直上長である部長のみでなく、その上の事業本部長、社長もその「課」の苦戦状況を部長からの報告を待たずに把握でき、部長と一緒に当該課へのスピーディな改善検討が可能となる

第1章

毎月の数値検討を早くすると儲けが増える

第2章 「秒速決算」を導入する

第3章 経理以外の社員が営業利益を集計できるようになるために

第4章 業績のベンチマーク「予算」の作り方

第5章 経営者が「秒速決算」を活用することで手にするもの

第6章 未上場会社のオーナー社長の皆様への言づて

第1章

毎月の数値検討を早くすると儲けが増える

会社の利益体質をより強化するためには、タイムリーかつスピーディな数値検討が重要です。この章では、一般的な会社の数値検討タイミングが遅くなる理由を考察するとともに、それを改善するために、まず会社が検討ターゲットとすべき数値の項目自体を絞ります。

目的は会社の利益体質を強化することです。そのためには、目的に必要な項目に集中し、経営者や経理部員のみならず、各事業部の現場社員も巻き込んで数値を集計、検討していくことがポイントになります。

1 なぜ会社は数値検討のタイミングが遅いのか

会社の数値検討のタイミングが遅いのはもどかしい

想像してみてください。あなたは現在ダイエット中です。でも体重計はありません。体重の計測は外注していて、その把握に時間がかかります。

今日は8月1日であり、今年の年末までに体重を70キロにすることを目標としています。体重計がないので現在の体重はよくわかりません。1カ月前の7月1日時点の体重が82キロだったということは先週の7月25日にわかりました。

毎日の食事を控えめにしながら、通勤で1駅分歩いてみたりと、ダイエットに向けた努力はしているのですが、見た目はそんなに変わっていない気がします。少なくともまだズボンのサイズは変えなくてよさそうです。

痩せている実感がそんなにないので思いきって食事の量を減らすか迷っていますが、仕事のストレスも多く、数少ない楽しみである食事をこれ以上制限するのは非常につらい状況です。

● 日々行っているダイエットの効果は出ているのだろうか？
● 体重は今何キロで、どれくらいずつ痩せていけば年末に目標を達成できるのだろうか？
● そもそも今の体重をタイムリーに測る術はないのだろうか？

モヤモヤと戦いながら、目標体重を目指して頑張っている今日この頃です。


いかがでしょうか。

「ふざけるな！　体重計よこせ！」

まず、そんな声が聞こえてきそうですね……。

体重計があまねく普及している現在において、このような話はまずありえません。本気のダイエット中の方は毎日体重計に乗り、日々の活動の効果を把握し続けるはずです。

そんなの当たり前だ！　と皆様思うでしょう。

しかし、このような**一般的には「できて」当たり前のことが、会社経営の世界になると「できていなくて」当たり前になってしまっている**のです。

ダイエットと同じように、会社経営においても目標値が数値化され、日々の活動も数値化されるのに、その現在値を今すぐに把握する術が存在していないのです。

「当社の月次決算は、月末締めの翌10営業日に出るのでとてもスピーディです」

そんな話を聞いたことがないでしょうか。経営の世界ではこれが現実で、10営業日後に前月の決算数値がわかる状況は、かなり「スピーディ」と言われます。

上場会社では取締役会があるので、翌月の半ばくらいに月次決算を固めますが、多くの中小企業では翌月末に月次決算ができれば上出来です。

ところで、3日程度ならまだしも、半月、1カ月、2カ月といった、過去の数値情報に何の意味があるのでしょうか。

「なるほど、それはよくない結果でしたね。ちなみにその状況から何も手を打たず、すでに1カ月も経ってしまいましたが、今の数値はどうなっているのですか。あ、それは来月わかるのですね。とりあえず1カ月前の状況は改善したほうがよさそうなので、そこだけは何とか手を打ちましょう。1カ月経った今は状況が変わってしまったかもしれませんが」

極端に言うとこのような状況です。タイムリーな経営かじ取り（行動修正など）は難しそうですね。

では、なぜ会社は数値をタイムリーに把握しない（できない）のでしょうか。

要因は大きく2つあります。

- 数値と向き合わなくても問題ないと社長が感じている
- 月次決算の固定観念に縛られている

数値と向き合わなくても問題ないと社長が感じている

これは、そもそも「数値をタイムリーに把握する必要がない」と社長が考えているケースです。ある程度の利益を獲得している未上場のオーナー企業で、こういうケースが見受けられます。そもそも数値と向き合い続けるのはしんどいですし、マイペースでのんびり儲かり続けていれば、ある程度の満足感は得られるわけです。

お客様は一度定着するとそんなに簡単に離れるわけではないので、惰性でも利益はしばらく継続します。そのため、将来への不安をそれほど感じていないのかもしれませんし、もともとそんなに向上意欲がないのかもしれません。

とはいえ、惰性で利益を獲得できている状況が、儲けの観点からベストであるはずがありません。**きちんと活動を見直すことにより、利益がもっと伸びるケースがほとんど**なはずです。

単に、社長の尻に火がついていないのです。しばらくサービス改善や経費削減をしなくても経営的に問題はないと思っているので、行動を改善するモチベーションが低く、したがって数値に向き合う必要がないのです（そのため数値を「早く」把握する必要もありません）。むしろ、数値と向き合うのはお金に頓着しているようで格好悪いという、江戸っ子のようなオーナー社長もたまにいるくらいです。

しかし、どんどん**儲けを増やしたい会社**や、1円でも多く稼がねばならない**再生会社**、外部株主の目も気にしなければならない**上場準備会社**、**上場会社**、**外部に売却したい会社**、**事業承継を考えている会社**などはそうはいきません。

高い予算を課し、それを達成しないといけない、いわば尻に火がついている会社の場合は、現在および将来の利益をいかに増やすかという課題と格闘し続けています。社長は自分だけの問題でなく、利害関係者のことも意識しながら経営しなければならず、**数値改善のために、常に数値に向き合い続ける**ことが必要となります。

予算

予算についての詳細は第4章で記載します。本書において予算とは、単に費用の見積もりのみならず、売上高から利益に至る会社の単年度の損益計画全体を指します。そのため、ここで言う「高い予算」とは「高い売上計画」や「高い利益計画」を指しているとご理解ください。

もっとも、そうは言いながら、尻に火のついている会社であっても、その多くは月次決算の固定観念によりタイムリーに数値把握ができていないのが現状です。

月次決算の固定観念とは

規模が小さく社長の目が全体に行き届いている会社を除き、ほとんどの会社が月次決算を行っているのではないでしょうか。上場会社のように月1回以上の取締役会が開催される会社では、その際に数値報告がされるので月次決算は必須です。

ところで、月次決算とは皆様にとってどのようなものでしょうか。貸借対照表があって、損益計算書があって、損益計算書には予算比較と前年比較があって、会議で経理責任者がポイントの説明をしてくれる、または税理士が報告をしてくれる、場合によってはキャッシュフロー計算書がついているでしょうか。

色々なパターンがあると思いますが、**少なくとも前月の貸借対照表と損益計算書はセットで提出されているのが月次決算**というイメージがないでしょうか。

実はこの月次決算の固定観念的なイメージが、タイムリーな数値把握の阻害要因になっています。詳細は次節で見ていきましょう。

2 月次決算の目的を振り返り、運用の問題を考える

月次決算とは

月次決算とは読んで字のごとく、月次に行う決算のことです。

決算とは、特定時点で帳簿を締めてそれまでの収支などを計算する作業のことであり、複式簿記を採用する以上、**貸借対照表と損益計算書がそろってはじめて「決算」と呼ぶものになると考えられています**。

ちなみに、年次決算の場合は締日が年度末、月次決算の場合は締日が月末ということになり、締日までの収支などを計算することになります。

年次決算と月次決算は似たような名称であるものの、その目的は大きく異なります。

月次決算の目的

年次決算の場合、税務申告を行うことや、株主や銀行といった社外の利害関係者へ会計情報を提供するなど、何らかの制度に対応することが目的であり、その成果物は、会計基準や税法といったルールに従って作成されるものとなります（制度会計）。

月次決算を行っている会社の場合、年度の最終月の月次決算の作業を経てから年次決算の作業を行うなど、年次決算の作業を月次決算の作業と別物として扱いますが、それは年次決算の目的が月次決算の目的とは異なるためです。法律などの制度の要件を満たす必要があるため、年次決算の作業はより専門的で複雑です。

では、月次決算は何のために行うのでしょうか。

月次決算を要請する強制ルールは存在しません。あくまで会社が自主的に行っているものに過ぎないのです（管理会計）。

何のために行っているかというと、「**会社の状況を数値としてタイムリーに把握するため**」――これに尽きます。

制度会計と管理会計
法律や会計基準といったルールに基づき実施する会計を「制度会計」、自主的な管理目的で実施する会計を「管理会計」と言います。両者は目的が異なるため区別されるものですが、制度会計と管理会計で異なる数値とする場合、混乱が生じることもあり、両者はほぼ同じものとなっているのが実情です。年次決算と月次決算の同質化も、制度会計と管理会計の区別を意識的に会社が行わない（行えない）ことに起因します。

月次決算による数値把握のタイミングはタイムリーでないのが実情

会社の状況をタイムリーに把握するために月次決算を行っているのに、そのできあがるタイミングはそれほどタイムリーではありません（早くても締日から10営業日程度経ってから）。**ほとんどの会社において、月次決算の目的と運用実態にギャップが生じているのが実情**です（ダイエットの場合は日々体重を測るのに、会社経営の場合は月に1回のみの数値把握となるケースが多く、それをタイムリーと言えるのかも疑問ではあります）。

その要因は、月次でタイムリーに把握すべきとしている数値を年次決算と同じように捉えていることにあります。目的が異なるのに、年次決算と同じようなプロセスで決算数値を把握しようとする、つまり、**「貸借対照表と損益計算書が正確に締まるよう、経理担当者による会計ソフトへの経理処理を経て、はじめて検討に値する数値把握が可能となる」という固定観念を持ってしまっている。**

それが大きな要因です。

確かに月次ベースの貸借対照表と損益計算書を、社外役員や銀行といった外部の方々への報告目的で作成することは重要です。しかし、タイムリーな経営かじ取りという観点から見ると、貸借対照表と損益計算書のセットはどこまで重要でしょうか。

そもそも経理担当者に情報を集めるのに時間がかかりますし、経理担当者が処理するのにも時間がかかります。月次決算の成果物はこうあるべきだ、という従来の固定観念に縛られているうちは、私はおそらくほとんどの会社で月次決算の目的を果たすことができないのではないかと思います。

そこで本書では、多くの会社が「タイムリーに数値を把握できていない」要因となっている月次決算の固定観念を取り外し、「決算」という単語を少しフランクに、単に「特定時点までの営業利益を把握すること」と限定的に捉えてみたいと思います。

貸借対照表と損益計算書の全ての項目を把握しようとするからスピード性に欠けるわけであり、数値把握の項目を絞ることで改善を試みます。

そのためには、**「貸借対照表や損益計算書を作成するという観念」「月に1回という観念」「複式簿記の観念」「経理担当者による経理処理の観念」は、いったん取っ払ってみたい**と思います。

3 タイムリーに把握する数値を営業利益に絞る

誰に数値を集計してもらうか

タイムリーに数値を把握できるようになるためには、タイムリーに数値を集計する必要があります。誰が数値を集計するべきかというと、**数値の発生に一番近い担当者や責任者**が望ましいです。たとえば、クライアントA社に対する売上の担当者が、営業第1部門の甲さんだとすれば、クライアントA社の売上数値の集計は甲さん、または営業第1部門のほかの誰かに担当してもらうことになります。各業務を担うそれぞれの現場社員に数値の集計を行ってもらうのが一番タイムリーです。

従来は、いったん経理部門で情報を収集し、経理部門から数値が提出されていたかもしれませんが、それだと従来型の月次決算のスピードと変わらなくなってしまいます。

営業部門のみならず、購買部門、製造部門、マーケティング部門、人事部門、総務部門なども含め、現場社員は自分が担当する業務の数値については誰よりも詳しいはずです。また、日報や週報、あるいは経理部門への提出目的などで数値の集計は日常的に行っており、それぞれが担当する範囲において数値集計を依頼しても大きなストレスにはならないはずです。

なぜタイムリーに把握する数値を営業利益とするのか

タイムリーに数値を把握できるようになることを目的として、本書では**決算を「特定時点までの営業利益を把握すること」**とします。なぜ営業利益に限定するかというと、まず、現場社員を巻き込んで数値集計を行う場合、フォーカスすべき数値の項目がいくつもあったら運用の際に混乱してしまうからです。あれもこれもフォーカスしようとすると、結局全ての項目の集計が必要ということになり、従来の月次決算に戻ってしまいます。

そのため、まずは勇気を持ってフォーカスすべき項目を1つだけに絞ることとし、その上でタイムリーに把握する意義が最もある項目として「営業利益」を選定しています。

営業利益とはご存知の通り、損益計算書において登場する5つの段階利益（売上総利益、営業利益、経常利益、税引前当期純利益、当期純利益）のうちの1つです。

5つの段階利益については、上（売上総利益）から順番に集計が容易である一方、下（当期純利益）に行くほど利益としての本質性が増します（図1-1）。最も本質的な利益は、会社に最終的に残る当期純利益であり、単に「利益」と言う場合は、一般的にこの当期純利益のことを指します。

貸借対照表と損益計算書に計上されている項目のうち、営業利益以外に重要な項目はほかにいくつもあります。利益の中でも当期純利益が一番本質的なものであり、経営者が真に追い求めるべきは当期純利益です。それでも、タイムリーに数値把握をする、という経営管理の目的においては、

- 経営かじ取りを担う**経営者にとって意味のある数値**である
- 数値を集計する**現場社員にとっても意味のある数値**である

という**両側面を同時に満たす**ことが重要であり、**営業利益こそがその両側面を満たす最善の指標**だと考えます。営業利益を選定する意義については、もう少し深掘りしてみたいと思います。

「経営者」と「社長」

本書では、「経営者」という表現と「社長」という表現が混在しています。「経営者」と言う場合は社長、専務、常務、取締役、執行役員といった経営を任されている人たち全般を指し、「社長」と言う場合は、経営者の中でもピンポイントで社長のみを指す場合に用いています。

図1-1　損益計算書（P/L）の概要

	P/Lの項目	解説	具体的な科目例
	売上高	本業による収益	売上高
	売上原価	売上高に対応する原価	商品仕入、製造原価
Ⅰ	売上総利益	売上高から売上原価を引いた額 一般的に粗利（あらり）と呼ばれる	
	販売費及び一般管理費	売上原価以外の本業に関する費用	人件費、広告宣伝費、地代家賃、交際費、旅費交通費、業務委託費
Ⅱ	営業利益	売上総利益から販売費及び一般管理費を引いた額 本業で稼ぐ利益	
	営業外収益	本業以外の経常的な収益	受取利息や有価証券利息等の金融関連収入、為替差益、雑収入
	営業外費用	本業以外の経常的な費用	支払利息や社債利息等の金融関連費用、為替差損、雑損失
Ⅲ	経常利益	営業利益に営業外収益を加え、営業外費用を引いた額 本業および本業以外の会社の通常の活動で稼ぐ利益	
	特別利益	臨時・異常・多額な収益	固定資産売却益、投資有価証券売却益、負ののれん発生益
	特別損失	臨時・異常・多額な費用	固定資産除却損、投資有価証券評価損、減損損失、災害損失
Ⅳ	税引前当期純利益	経常利益に特別利益を加え、特別損失を引いた額。通常の活動で稼ぐ利益に加え、臨時的・突発的な損益も加えた総合的な利益	
	法人税等	その年の課税所得（税法上の利益）にかかる税金	法人税、住民税、事業税（外形標準事業税を除く）
Ⅴ	当期純利益	税引前当期純利益から法人税等を引いた額 会社に残る最終的な利益	

（売上高～営業利益）各事業部の社員と関係ある

（営業外収益～当期純利益）各事業部の社員とあまり関係ない

❶ 営業利益は、経営かじ取りを担う経営者にとって意味のある数値

どんな規模の会社であれ、会社を永続させたいと考える経営者の重要な仕事は、**将来利益をできるだけ増やすこと**です。企業価値の最大化と言い換えてもほぼ同義です。未上場会社のオーナー社長であっても、自分の代で会社を潰さない限り、自分がいなくなっても社員を雇い続けなければなりません。後継者のことも考慮すると、**今の経営者がやるべきことは後顧の憂いを少なくすることであり、そのためには、将来利益をできるだけ大きくするための努力がやはり重要**なのです。

経営者が社員を雇うのも、在庫を仕入れるのも、設備投資をするのも、株主から出資を募るのも、銀行からお金を借りるのも、今とてつもない赤字となっている事業を続けているのも、その全ては**将来利益をできるだけ増やし、会社を永続させるために行っているの**です。そのため、**経営者がタイムリーに把握し、追求すべき最重要の数値を「利益」とする**ことに何ら問題はないでしょう。

キャッシュがなくなったら倒産してしまうので、キャッシュこそが追求すべき最重要の項目だ、という見方も確かにあります（実際キャッシュはとても重要です）。しかし、キャッシュは**なくならないように、ある程度余裕のある範囲で管理すれば十分**であり、む

しろ昨今ではキャッシュを増やしたところで使い道を見出せなければ経営能力が低いとすら見られる傾向もありますので、経営者が「最重要」の数値としてターゲットにするには少し意義が希薄な感じがします。

また最近では、利益が出ている事業を行っている、ないしは将来利益が大きくなりそうな事業を行っている場合、以前に比べると資金調達が容易になってきています。その意味でも、経営者が常にフォーカスすべき重要な数値としては、キャッシュよりも利益のほうがふさわしいと考えます。

当然ながら経営者は利益のみならず、ほかの数値にも目を光らせて経営を行う必要があります。**キャッシュが枯渇したら倒産**してしまいますので、キャッシュにも目を配る必要があります。その上で、あえて1つの数値にフォーカスし、タイムリーに追求するとした場合、利益がふさわしい、という考え方です。

なお前述の通り、経営者が真に追い求めるべきは利益の中でも当期純利益です。しかし、**タイムリーに数値を把握する目的が、経営かじ取りをタイムリーに変更できるようにするため**ということであれば、当期純利益ではなく、営業利益（当期純利益よりも把握が容易）の追求で十分でしょう。

数値をタイムリーに把握するのは、スピーディに儲からない活動を見直し、儲かる

資金調達が容易になってきている

銀行からの融資は政策的な配慮の影響により、調達が容易なタイミングとそうでないタイミングがありますが、投資家からの出資については、投資家の数や投資額の増加に伴い提供資金の供給量が増え、実務的にも調達が容易になってきていると感じられます。株式会社ユーザベースのサイト「INITIAL」の記事によると、2011年に822億円（1,067社）だった国内スタートアップの資金調達額は右肩上がりで、2019年には5,254億円（2,084社）となっています。
https://initial.inc/articles/japan-startup-finance-2020-analysis

活動を伸ばすためですから、**その指標は、活動が儲かっているか儲かっていないかを判断できるものであればよい**のです。その意味で、「本業の活動で得られた利益」を示す営業利益を把握することで目的は達成できます。

また、営業利益から経常利益、税引前当期純利益、当期純利益に至る各収益と費用に経常的かつ多額に発生するものはほとんどないことから、営業利益以降の利益は営業利益に従属的に算定されることが多いです。

つまり、営業利益が肝なのです。

❷ 営業利益は、数値を集計する社員にとっても意味のある数値

営業利益選定の理由として、この観点がとても重要です。

各事業部の現場社員が数値を集計する場合、**これらの社員にとって関連があり、コントロール可能な数値であることが欠かせません**。

というのも、数値を集計する担当者は、数値を上司や経営者に「見られる」という意識もセットになりますので、その数値を「よく見せたい」と、行動に変化が生じます。見せかけだけの数値いじりは論外ですが、通常は**数値をよくするための意識改善や行動変化が伴います**。

自ら集計する数値を、**自らの努力で改善させるためにはどうすればよいかについて社員が考え、動き出す**。そのようなサイクルを作ることができれば、利益体質はより強化されていきます。そのため、フォーカスする数値が現場社員にとって身近で意味のあるものであることが重要なポイントとなります。

現場社員の努力でコントロールできるのは、売上高、売上原価、販管費までであり、営業外収益、営業外費用、特別利益、特別損失は管轄外です。つまり、**現場社員にとって関連するのは営業利益までであり、意味ある数値は損益計算書における営業利益までの各数値**ということになります。

❸ 売上高や売上総利益ではダメな理由

ところで、売上高や売上総利益ではダメなのか、という声が聞こえてきそうですが、これらでは十分ではありません。

確かに売上高や売上総利益は営業利益に比べて集計が容易です。これらの数値については、すでにタイムリーに集計・把握できている会社もたくさんあるでしょう。また、現場社員にとってわかりやすい上、関連する数値であることも間違いありません。しかし、経営者が経営かじ取りを考える上では十分な指標になりえません。

なぜなら、**売上高や売上総利益が増えることと、最終的な利益が増えることは必ずしも従属関係にない**からです。売上高や売上総利益がどんなに大きくても、それを稼ぐために投入する人件費や広告宣伝費といったほかの費用が過大であれば赤字になってしまいます。

経営者は、将来利益をできるだけ大きくするために経営かじ取りを行う必要がありますので、最終的な利益と紐づく数値をターゲットにしなければ意味がないのです。

さて、少々回りくどく説明しましたが、実際のところ皆様の会社における月次などの数値検討会議でも、営業利益までの各項目（売上高、売上原価、人件費、広告費など）の議論がメインとなっていないでしょうか。

少なくとも私が参加したことのある役員会などでは、営業利益までの各項目以外で議論が盛り上がったことはほとんどありません。

つまり、**フォーカスする数値の項目として営業利益を選定することは、各社ですでに行われている数値管理の実情とも整合しており、**皆様にとって違和感なく受け入れられる内容であると考えています。

4 営業利益をタイムリーに把握するメリット

営業利益をタイムリーに把握すれば行動が変わる

営業利益をタイムリーに把握する目的は、営業利益を増やすためにどう活動を改善するかをタイムリーに考え、**行動に移すこと**です。

現場社員が数値を集計し、経営者がその数値を利用するという役割分担はあるものの、現状の営業利益の把握により、**営業利益をより改善させるための活動にシフトチェンジしようとする**誘因が働きます。

営業利益をタイムリーに把握すると、社員レイヤーと経営者レイヤーで次の効果が期待できます。

社員がスピーディに無駄なコストに気づく

社員は、自分が関連する業務の営業利益を改善させることができます。**営業担当社員が売上を伸ばすのは利益改善として最善の例**です。しかし、売上はお客様の選択によるものなので、誰もがそう簡単に伸ばせるわけではないかもしれません。そんな中、誰でもできる身近なことは、無駄なコストをカットすることです。

無駄なコストというのは**利益獲得に貢献していないコスト**のことですが、細かいものが積み上がっていることが多く、これらは現場社員が常日頃から意識しないと気づくことすらままならないものです。

社員が自ら数値を集計するようになると、それが経営者や上司に見られている意識が強くなります。すると、**見せる数値（営業利益につながる数値）をよりよくしようと行動を改善するようになり、結果として細かいことにも目が行き届くようになる**のです。

この気づきはスピーディであればあるほど効果が大きくなります。たとえば、つけっぱなしの電気があった場合、今日消すのと明日消すのとではどちらが電気代が安くなるでしょう。当然、今日消すほうが安くなります。

会社の無駄なコストも同様です。タイムリーに数値を集計するということは、スピーディに無駄なコストに気づくことになりますので営業利益の増加に貢献します。1人ひとりの改善効果は小さいかもしれませんが、塵も積もれば山となる、です。

経営者がタイムリーにかじ取りを変更できる

顧客ニーズの変化が特に激しい現代において、経営者はタイムリーに変化に対応していく必要があります。変化に対応できなければお客様は他社に流れ、業績はじわじわと下がってしまいます。場合によっては急激に業績が落ちることもあるでしょう。

変化に対応するためにまず必要なことは、**変化を感じること**です。売上が下がったり、粗利率が下がったり、広告効果が下がったりと、営業利益に至る数値に必ず変化が生じます。その**変化をいち早く感じ取り活動のシフトチェンジを行うことで痛みを小さく食い止められますし、その変化対応の過程で逆に飛躍する**こともあります。

また、経営者が数値を把握する意義は、変化に対応するのみならず、当初立てた計画通りに事業が進んでいるかを観測することにもあります。

スピーディに数値を把握することができれば、儲からない事業の撤退判断をいち早く下すことにつながり損失を最小限にできるかもしれませんし、計画を上回って伸びている事業にさらに経営資源を集中させることで、利益をもっと伸ばすことができるかもしれません。

経営者が数値を把握する意義はほかにもありそうですが、いずれにしても、今日までの営業利益（営業利益に至る収益と費用）を「今」把握できるということは、1カ月後に把握できるより、1週間後に把握できるより、そして明日把握できるより、確実に利益増加をもたらします。

もし経営者によるかじ取りの変更が1日100万円の利益をもたらす（ないし損失を回避する）ものだとしたら、1カ月判断が遅れることは約3000万円の利益を失うのと変わりありません。

経営者がタイムリーに営業利益を把握し、かじ取りの変更をスピーディにできるようになることの全社的な影響は、一般社員のそれに比べはるかに大きいです。

経営者が営業利益をタイムリーに把握できるか否かは、会社全体で獲得できる利益の金額に大きな影響を及ぼすのです。

5 営業利益以外の項目の検討の仕方

経営者は当然、営業利益以外にも目配りが必要

利益拡大のために日頃から現場社員も巻き込んで追求していくべき数値は、営業利益（に至る収益および費用）のみで問題ありません。しかし、少なくとも月初のタイミングで月1回程度は確認したほうがよさそうな項目はほかにもいくつかあります。

営業利益以外の項目は、検討するとしても経営者と財務や経理の担当者といった少人数による検討で十分であり、多くの社員を巻き込む必要はありませんが、特に損失回避の観点から省略することはできません。

ここでは営業利益以外の項目について説明します。

❶ キャッシュ（現金および預金）の検討

月初のできるだけ早いタイミングで、キャッシュの残高は必ず確認しましょう。キャッシュの残高は、通帳記帳したりバンキングデータを見ればすぐに把握可能です。今はクラウド会計などの伸展により、会計システムにログインすれば日々の全預金データがすぐに把握できるようにもなっています。

重要なのは、キャッシュ残高の定点観測を欠かさないことです。キャッシュが枯渇したら会社は潰れます。**会社が倒産するのは赤字だからではありません。キャッシュがなくなるから**です。黒字で倒産するという目も当てられない状況が現実的に起こりえます。会社が保有する資産の中でキャッシュは一番重要なものですので、残高のみならず**将来予測を踏まえた資金繰りにも問題がないかを必ずタイムリーに把握しましょう**。キャッシュだけは絶対に枯渇させることがないようご留意ください。

ちなみに、ある程度の会社規模を超えるとキャッシュの枯渇は赤字に紐づくのですが、特に小さい規模から急拡大のフェーズになると、最初にかける投資額が重しとなり、キャッシュがなくなってしまうことがあります。投資は、在庫や固定資産として貸借対照表上の資産となり、キャッシュは出てしまうものの一括で損益計算書上の費用にならない場合も多く、結果として利益が出てしまいます。利益が出るとその分の税金を払わなければ

財務戦略

借入や増資のみならず、不要な資産の処分、入出金サイクルに関する取引条件の見直し（入金を早く、出金を遅くできるよう関係者へお願いする）といった、キャッシュフローを改善させるための諸施策も含まれます。

ばなりませんので、ただでさえキャッシュがないのに、さらに追い打ちをかけてキャッシュがなくなるのです。**利益を追い求めるあまり、キャッシュが枯渇してしまうことがないよう余裕を持った財務戦略も同時に考えましょう。**

❷ キャッシュ以外の貨幣性資産（売掛金、未収入金、貸付金など）の検討

貨幣性資産については入金のタイミングが決まっています。たとえば、月末締め翌月末入金の取引条件の販売であれば今月に発生した売掛金は翌月末に入金されます。入金予定日に入金されたかどうか、入金予定日直後のタイミングできちんと確認する必要があります。取引先が多ければ確認作業が大変になることもありますが、**入金が完了してはじめて取引完了**であり、もし売上代金未入金ということになれば、そもそもの売上分の利益をカウントしてはいけないことになります。

貨幣性資産の入金管理を怠って未入金に気づかずにしばらく月日が経過してしまうと、単なる先方の入金ミスの場合でも催促が難しくなることもあります。

まず入金予定日の直後に未入金がないことを確かめ、もし未入金があれば先方に確認するプロセスが必須です。単なるミスであれば問題ないですが、先方の資金繰りが悪化して入金が遅れているということであれば、回収スケジュールを話し合って早期に入金

貨幣性資産と費用性資産

資産には、貨幣性資産と費用性資産があります。キャッシュ自体または、いつかキャッシュ化される資産を貨幣性資産と言い、いつか費用化される資産を費用性資産と言います。貨幣性資産には現金、預金、売掛金、未収入金、貸付金といったものがあり、費用性資産には棚卸資産、前払費用、償却資産（建物、備品、機械、ソフトウェアなど）といったものがあります。

プランを固めます。あまり考えたくありませんが、回収をあきらめ、貸倒処理（税務上の費用処理）により税務メリットを取りにいくケースでは、税法に則った手続きを行えるよう準備する、といった検討が必要です。**未入金のものについてはリスト化して処理状況を毎月確認**していきましょう。

❸ 在庫の検討

在庫は、経営を狂わせる存在です。「利益が出ているのにお金がない。何でだろう？」という経営感覚のミスマッチを生む最も大きな要因となりえるものです。

売れるものであればまだしも、売れ残りで滞留してしまっている在庫ほど罪なものはありません。実際にモノがあると、なかなか処分しにくいのが人間の心情ですが、その保管もタダではありません。劣化しないように手当が必要かもしれません。そして、会社の資産として計上されている以上、誰かが気にかけ続ける必要があります。

そんな**売れ残りの滞留在庫はさっさと処分しましょう**。原価を回収しようなどとも考えてはいけません。少しでもお金を払って引き取ってくれる相手先が見つかればラッキーで、積極的に売ってしまいましょう。当然損になりますが、追加の不要なコストを回避することができます。**キャッシュアウトは購入時（製造時）に終わっているので、少しでも**

お金がもらえるならキャッシュ的にはメリットです。

在庫は、とにかく購入時（製造時）の発注量（生産量）に気をつけなければなりません。商品、製品種別の在庫残高をこまめに確認し、そして本来的には1回ごとの発注はできるだけ少なく、納期を短めに、小出しにしたいところです。

しかし、仕入先との関係次第では、納期が長く、多めに発注しなければならないケースもあるでしょう。

購入（製造）してしまったものは仕方ありません。重要なのは、その後に**売れない在庫があればそれを見極め、できるだけ早期に処分できるように管理すること**です（月1回程度、在庫検討会議を行い、社員にも管理意識を持たせましょう）。

キャッシュフロー、節税対策、適切な採算管理といった様々な面から不良在庫の早期処分はメリットをもたらします。在庫は処分時に税務上の費用処理ができますし、不良在庫を費用化することで利益が出ている見せかけを修正できます。

売れないものはどんなに頑張っても売れませんし、あきらめも肝心です。追加のコスト（保管コストや管理する社員の手間など）を回避する観点からも、タイムリーに決断しましょう。

❹ そのほかの項目は月次の貸借対照表と損益計算書で確認

営業利益までの各項目の検討は日常的に行い、キャッシュを含む貨幣性資産と在庫の検討は月初のできるだけ早いタイミングで月1回程度行います。

そのほかの項目は、日常的に稟議などでの決裁で把握する以外は月次の貸借対照表と損益計算書が出るタイミングで異常がないかを確認すればよいでしょう（前月や前年同期の値と比較すると異常点が浮かび上がります）。

怖いのはタイムリーに把握していないと知らぬ間にじわじわと損失につながってしまうようなものですが、**そのほかの項目にそのようなものは基本的に含まれていません。**そのほかの項目についての気になる点は、主に経理部門や財務部門の担当者とのコミュニケーションのみできっと解決できるでしょう。

なお、取締役会などのタイミングで月次の貸借対照表と損益計算書は必要となります。ただし、すでに内部管理目的の数値確認が別の方法で終わっている場合、貸借対照表と損益計算書は外部報告のため（社外役員向けや銀行向け）という意味合いが強くなります。そのため、それほどスピーディに提出されなくても問題にならないでしょう。

そのほかの項目についての気になる点

貸借対照表のほかの項目には、仮払金、固定資産、負債全般といったものがあります。また、損益計算書のほかの項目には、営業外収益、営業外費用、特別利益、特別損失、法人税等があります。これらのうち特に金額の大きなものは、おそらく経営者主導で行われた取引であり、現場社員では内容不明なものがほとんどです。そのため内容の確認は、会計処理を行った（処理の背景がわかる）経理や財務の担当者に行いましょう。

第2章

「秒速決算」を導入する

第２章から第４章までが「秒速決算」導入のための実務的な内容になります。

この章では、「秒速決算」の導入に必要な準備を行います。「秒速決算」では、現場社員がそれぞれの数値管理を行っていきますが、具体的にどのような考えによって分担していくか、各社員に作業を分担してもらう前に、どう仕組みを整えるかについて検討していきます。

また、どのようなツールを用いて集計を行えば経営者や管理者にとって効率的な数値管理が実現できるかについても見ていきます。

1 「秒速決算」とは

「秒速決算」では集計数値のポイントを絞る

本書で示す「秒速決算」は、秒速で決算を行うという概念自体と、そのために会社に作る仕組みや体制を総称しています。「秒速決算を取り入れる」ということは、秒速で決算が行えるような体制を社内に作ることだとご理解ください。

最初に結論から述べますが（本書の冒頭でも記載しましたが）、月次決算や年次決算で登場するような、**貸借対照表や損益計算書の作成を締日（月次決算なら月末、年次決算なら年度末）後に秒速で完了できるようにはなりません**。もしかしたら多大な努力と工夫によりできるようになるかもしれませんが、おそらく費用対効果が合わず無意味ですので、そこは目指しません。できるだけ手間をかけずに、経営管理の目的を果たす数値のみを決算対象の項目として集計します。

「え、そんなの決算でも何でもないじゃん」

そんな声が聞こえてきそうですが、第1章で述べた通り、貸借対照表と損益計算書を決算による成果物として提出しなければならないのは、年度末などの限られたタイミングのみであり、そもそも、それ以外のタイミングで何をもって決算内容として社内で共有するかは各社自由なのです。**重要なのはタイムリー（日常的）に業績数値（活動成果）がどうなっているのかを把握し、会社をより儲かる活動へとスピーディにシフトチェンジさせることです。**それを目的として、決算の項目が貸借対照表と損益計算書のセットでなければならない、などという固定観念はいったん取っ払って楽になりましょう。

経営管理目的で経営者と社員がタイムリーにフォーカスすべき数値は営業利益です。つまり、年次以外の**日常の決算の重要な目的は、言ってしまえば営業利益（厳密にはその元となっている売上高・売上原価・販管費の各項目）の把握**にほかなりません。

「秒速決算」では締日時点で数値集計が完了している状態を目指す

「秒速決算」は読んで字のごとく秒速で決算を締めるようなイメージであり、**日常に把握**

すべき営業利益をターゲットにして、その数値をタイムリーに集計することを意味します。「遅くとも」締日の翌営業日程度に、締日までの営業利益の概要を把握できる体制を目指します。

なお、締日は数値管理の実務を勘案し、毎月の末日とします。ただし、締日後に数値集計作業を開始したのでは「秒速決算」は実現しない上、毎月末日後のタイミングでしか数値を把握できない状態ではタイムリーとは言えませんので、**「秒速決算」では、締日を待たずに数値集計を見込みベースで更新**していきます（図2-1）。

「秒速決算」では数値集計は現場の社員が行う

数値の集計担当者は経理部門の担当者でなく、各事業部に所属する現場の社員です。

現場社員は関連する数値に最も詳しいので、早ければ月初には今月の着地見込みの集計を完了できるかもしれません。たとえば対企業向け（B2B）の取引をしている場合、今月受注して、すぐ今月の売上になるようなものはほとんどないので、先月中にも今月の売上高の着地見込みがわかります。費用についても、今月どれくらいの費用が発生するかの予測は月の早い段階で集計可能なものが少なくありません。

売上高と売上

損益計算書では売上高と表現されますが、日常会話では売上と表現されることが多いでしょう。両者に重要な意味の差はありません。本書では、月次決算や年次決算などにおける売上の集計値を意味する場合は売上高、そのほか個々の取引により獲得するものなどの場合は売上と表現しています。

図2-1 「秒速決算」のための数値集計イメージ

現場社員は、タイムリーに自分が担当する見込数値を更新する。
この例は、ある部門の売上担当者の分で、まだ月中時点の想定。

見込更新（月初）	
得意先	金額
A社	101
B社	73
C社	52
D社	127
E社	62
F社	50
合計	465

見込更新（月中）	
得意先	金額
A社	101
B社	73
C社	52
D社	127
E社	62
F社	100
合計	515

着地入力（月末前）	
得意先	金額
A社	?
B社	?
C社	?
D社	?
E社	?
F社	?
合計	?

	(単位:百万円)	X年Y月単月			X年Y月まで累計		
		前期	当期	予算	前期	当期	予算
+	売上高	480	515	500	3,720	3,878	3,900
+	売上原価	××	△△	○○	××	△△	○○
	売上原価率	××%	△△%	○○%	××%	△△%	○○%
	売上総利益	××	△△	○○	××	△△	○○
+	販管費	××	△△	○○	××	△△	○○
	営業利益	××	△△	○○	××	△△	○○

※＋をクリックすると内訳が展開されるイメージ

- 営業利益までの各数値はタイムリーに更新され、月末時までにフィックスする
- 経営者・管理者は本日時点で予測される当月着地の見込額を把握できる

飲食店などの対消費者向け（B2C）ビジネスの場合は、毎日の売上が読めなかったりするので、月末ギリギリまで売上高および売上原価がわからないかもしれませんが、それでも月末最終日の売上が固まったタイミングで、すぐに営業利益に至る売上高と費用の全容がつかめるようになります。

「秒速決算」では目的を果たせる範囲で数値をざっくり集計する

厳密な話をすると、「残業代の集計が正確でない」「実在庫を把握した結果、原価のブレが判明した」「外部システムの精度の問題で売上がまだ暫定値となっている」などの要因によって、月末時点では営業利益にまだ変動要因が残るかもしれません。「秒速決算」では、そういったズレは「誤差」と容認した上で、そこまでの精度は求めません。正確な数値ではなく、**「ある程度」正確な数値で問題ありません。**数値把握の目的が果たせれば十分だからです。数値の精度が多少低かったところで、**経営かじ取りを誤るほどの誤差でなければ問題ない**わけです。たとえば毎月1億円の営業利益を出している会社にとって、数百万円程度の数字のブレは大した問題にならないのです。それよりも、大枠でも数値をタイムリーに把握するほうが重要です。

「ある程度」正確な数値

このように記載するものの、経理でより正確な数値が集計された際には、事後的に正確な数値に置き換えましょう。というのも、単月で見ると重要でない誤差も、年間ベースで累積されていくと重要な差異になる可能性があるからです。各月の数値を正確なものに置き換えることで、累積値がより正確なものとなります。なお、「秒速決算」による数値と事後の正確な数値の差額を管理したい場合は、売上高、売上原価、販管費の内訳として、差額調整用の科目を別途設けるとよいでしょう。

2 「秒速決算」の導入❶
―営業利益を細分化して責任者をつける―

「秒速決算」導入手順の概要

ここからは具体的な「秒速決算」の導入手順を見ていきたいと思います。

「秒速決算」ではタイムリーな数値集計のために、各事業部の現場社員が数値を更新します。そのため、現場社員に各自の担当箇所の数値を割り当てられるよう、まずは次のプロセスで全社の営業利益を細分化します。

- 手順1 **全社の営業利益を測定可能な活動単位に細分化し、責任者をつける（本節）**
- 手順2 責任者が営業利益の構成要素（勘定科目）を把握し、担当者をつける（次節）
- 手順3 必要に応じて 手順2 の各構成要素をさらに細分化し、担当者をつける（次節）

手順1 は、複数事業部で構成されるような比較的大きい組織で必要となります。小規模な会社や、小規模部署でのみ導入したいという方は **手順1** は読み飛ばしてもらって結構です。

営業利益を測定できる単位に細分化する意味

くどいようですが、営業利益をタイムリーに把握する目的は利益体質の強化です。利益体質を強化するためには、その中の**儲からない活動を見直し、儲かる活動を伸ばす**ことがポイントとなります。

では、何が儲かっている活動で、何が儲かっていない活動なのかを、どのように把握すればよいでしょうか。

それは、各活動単位（事業部など）の営業利益を計測することによってはじめて可能となります。つまり、全社の営業利益を、測定可能な各活動単位の営業利益に細分化することがまず必要となります。部門別損益計算を行っている会社は、まさにこの考えです。

活動単位を細分化する方法

活動単位の具体例として、事業内容、商品、サービスといった切り口があります。会社はある事業を行うため、あるいは商品やサービスを販売するため、つまり**売上を獲得するために組織を作り、費用をかけます**。そのため、活動単位は売上内容に紐づくもの、と整理するとシンプルです。

活動単位は全社単位から段々ブレークダウンしていき、異種の活動が混ざらず、それぞれの評価が適切に行えるよう、**できるだけ細かく把握するのが望ましい**です。ブレークダウンしていくイメージは65ページの図2-2の通りです。

会計ソフト上で部門別損益計算を取り入れている会社であっても、現在設定している部門よりも、さらに細かい活動単位に分けることに意味がありそうなら細分化してください。会計ソフトで処理するわけでなく、あくまで管理会計の範疇なので何でもありです。

活動単位を一定以上細分化させる意味があるかどうかは、**経営者や管理者にとって活動単位をそれ以上細かく評価する価値があるかどうか**で判断します。通常は、その売上を獲得するために、特定の人員を配置しているかがポイントになるでしょう（内部人

何でもあり

とはいえ、「秒速決算」上に設定した活動単位と、経理処理のために設定した部門との対応関係がわかるようにはしておきましょう。なぜなら、「秒速決算」で集計した数値（一部暫定値を含む）と経理で集計した月次決算数値の答え合わせを行うべきであり（130ページ以降）、またそれに伴い、「秒速決算」上の数値の事後的な修正が必要となる場合があるからです（60ページ注釈）。

員、外部人員、そしてその人員の部分的関与、全面的関与は問いません）。

たとえば飲食チェーン店にとって、店舗別に営業利益を把握することは意義があるでしょう（通常は店舗ごとに店員を配置します）。ただ、各店におけるメニュー別の利益管理はどうでしょうか。特定のメニューを戦略的にどう売るかを考えて組織作りをしているような場合であれば、当該メニューの採算を別建てで把握する必要があるかもしれません。しかしチェーン店では、メニューのラインナップは決められたものであり、メニューの取捨選択を店舗サイドでできるわけではありません。

つまり、店舗内の活動は特定のメニューのために行われているわけではなく、店員が全てのメニューを平等に取り扱っているわけですから、各店舗におけるメニュー別の利益管理までを行う重要性は低そうです（つまり、メニュー別まで細分化しなくてＯＫです）。

なお、測定する活動単位を細かくすればするほど数値の集計は大変になりますし、それに対する効果と見合わなさそうであれば、その時点で細分化をストップしましょう。

単一事業のみを行っており、小規模で社長の目が全社に行き届くような会社の場合は、費用対効果を勘案し、そもそも活動単位の細分化は必要ないかもしれません。

各店舗におけるメニュー別の利益管理

一般的に飲食チェーン店の場合、各店でメニューの採用選択はできませんので、店舗ごとのメニュー別利益管理の重要性は低いです。しかし、会社全体として見たときにメニュー別の売上を把握することは消費者動向を調べる上で非常に有意義です。メニューの取捨選択も活動の取捨選択と言えます。ただし、メニュー別に店舗の費用を紐づけられないため営業利益の把握は困難です。利益管理は測定可能性も考慮して切り分けましょう。

図2-2 活動単位を細分化する手順

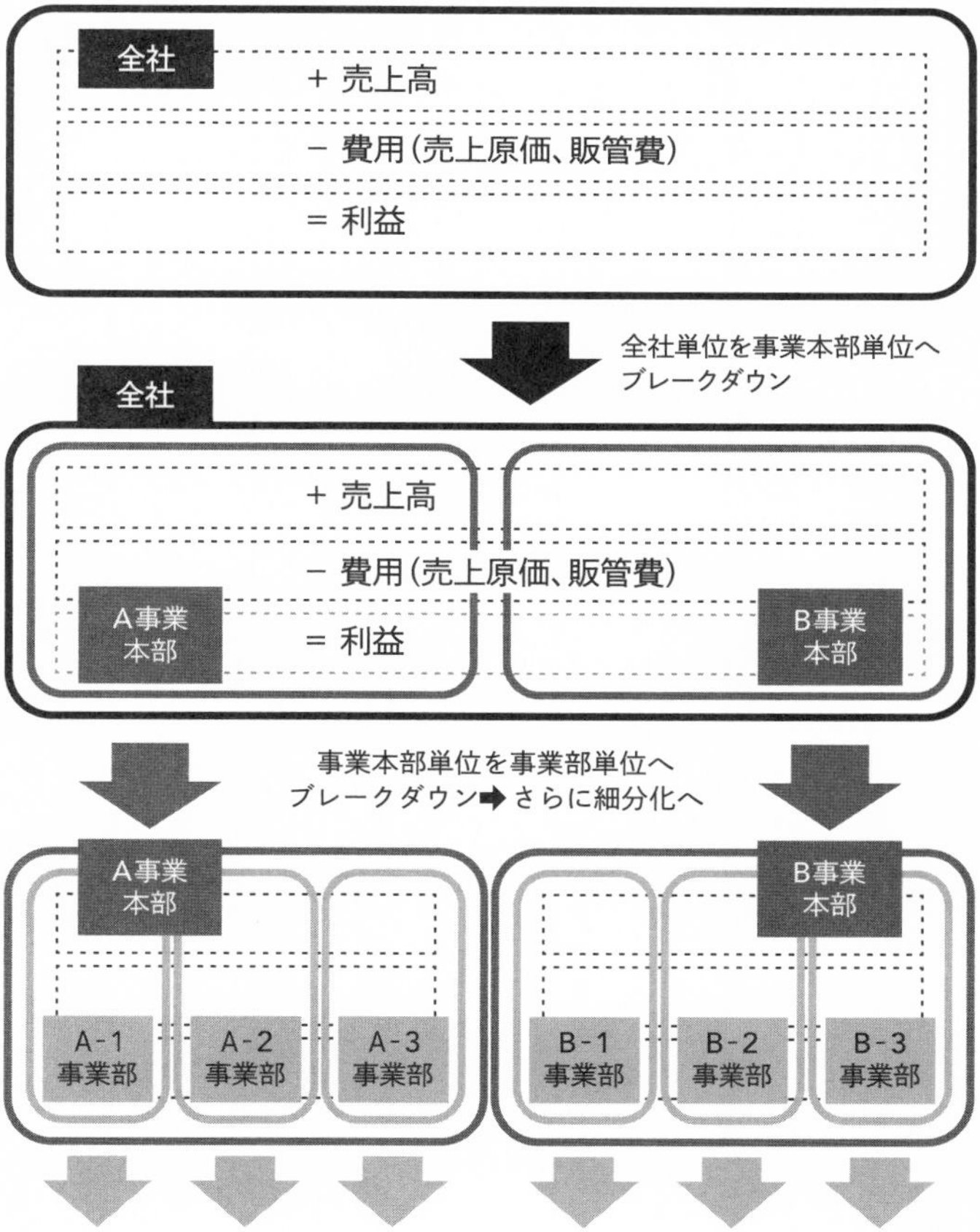

細分化した活動単位に責任者をつける

細分化した活動単位には、営業利益の集計・管理のための責任者をつけます。上位階層の責任者と兼任になっても問題ありません。その目的は次の2つです。

- 営業利益の算定に必要な各勘定科目の金額を漏れなく正確に収集すること
- 営業利益に対する責任感を持つ社員を増やすこと

「秒速決算」では、多くの社員が各々担当している数値を更新するので、誰かがまとめないと数値がバラバラの状態になりかねません。そのまとめ役として責任者の存在は重要です。

同時に、営業利益に対する責任感や当事者意識を持ってもらえれば一石二鳥です。各責任者のミッションに「自身が管理する営業利益を増やすこと」という項目を追加すれば、責任者はおのずと利益を増やすためにどうすればよいかを考え、活動単位内のメンバーと一緒に行動を改善するようになるでしょう。利益に対し当事者意識を持つ社員が増えれば増えるほど、全社的な利益体質の強化が期待できます。

活動単位はできるだけ細分化したほうがよいとする理由に、利益に対する責任感を持つ社員が増えるということも追加しておきましょう。

なお、階層の細分化については、経営者や管理者が必要と感じる範囲までと記載しましたが（63ページ）、おそらく末端階層の責任者も、それ以上階層を細分化すべきかの肌感覚を持っていると思います。

自分の活動単位より下位に階層をブレークダウンし、それぞれに責任者を設け別管理とすることで、自分の活動単位の営業利益をさらに増やすことができそうであれば、活動単位をもっと細分化するよう、上位階層の責任者（上司）に掛け合うことが正解となります。

各階層ごとに責任者を漏れなくつける

活動単位は細分化された末端階層のみならず、各上位階層も含みます。図2-2の例でいうと、A-1事業部〜B-3事業部までが末端階層になっていますが、その上にあるA事業本部とB事業本部も活動単位として責任者を置きます。さらにその上に全社というくくりがありますが、こちらにも責任者が必要であり、通常は社長が担います。上位の責任者は、下位の活動単位の成果の「合計」が自分の活動単位の成果となるので、下位の責任者たちと協力して利益増加を追求し、自らの数値管理に結びつけていく必要があります。

階層が深く、たとえば末端階層の利益責任者が「主任」であり、その上に「係長」→「課長」→「部長」→「本部長」→「社長」といる場合、「主任」が管理する活動は、「係長」「課長」「部長」「本部長」「社長」全員の管理下ということになります。この考え方は通常の組織活動と同様でしょう。

ところで一般的には、末端階層までの数値情報へのアクセスが複雑だったりすることで、主任がどのような成果を挙げているかを社長や本部長が適時把握するのは困難かもしれません。しかし「秒速決算」を導入すると、営業利益を通じた活動成果の把握が容易となり、主任が管理する（末端の）活動を含め、**細分化された各活動単位の成果が社長にもタイムリーに見える化されるようになります**。

職能別組織の場合はこう考える

組織が事業部別であれば、細分化する活動単位と組織図がおそらく近似するでしょう。

図2-3 職能別組織と事業部別組織の比較

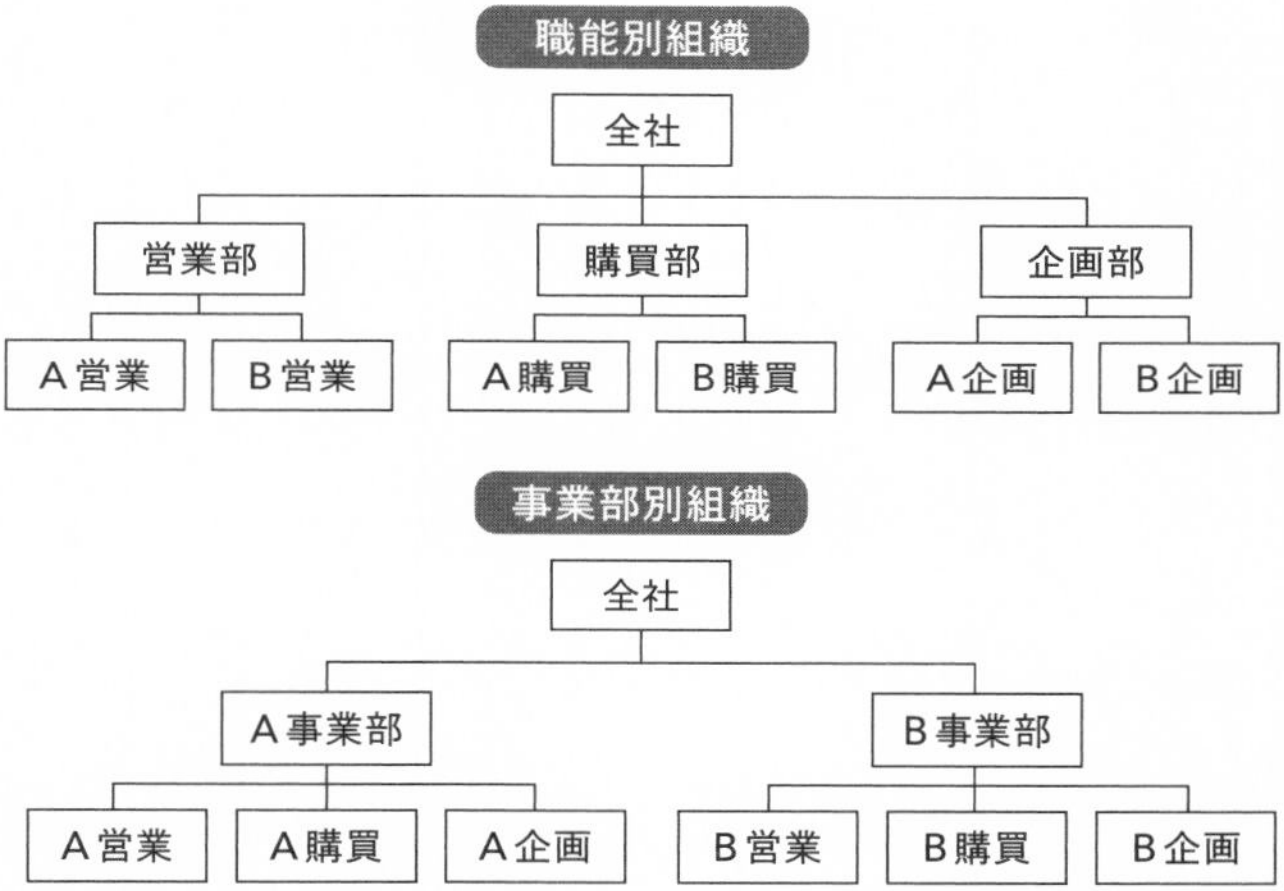

しかし、職能別組織の場合はどうでしょうか。

職能別組織とは、職能（会社内の機能）ごとに人員が集約されている組織です。事業部別組織との比較は図2-3のようになります。

営業利益を細分化する活動単位は、売上内容に紐づけて把握するため（63ページ）、**職能別組織を採用している場合でも、A事業とB事業として把握する**ことになります。

では、誰がこの場合のA事業やB事業の責任者となるべきでしょうか。

1つの選択肢として、さらなる上位階層の責任者、たとえば社長が担うことが考えられます。しかし、社長は最終管理者という立場から、ほかの誰かに担ってもらいたいと考えるかもしれません。その場合は、図2-3の例なら「営業部長」「購買部長」「企画部長」の誰かに責任者となってもらうことになります。

なお、職能別組織の場合、各事業（A事業、B事業）に対する決め事は、各部横断的に相談して決定されます。この際に、すでに誰か特定の方がメインで仕切り役となっている可能性があります。この仕切り役の方に活動単位の責任者になってもらうのも一案です。

あるいは、各部長が月ごとないし四半期ごとなどに持ち回りで責任者を務めるという考えもありえます。この場合は、各部長に職能間（組織）を超えた「事業全体の営業利益」に対する当事者意識が芽生え、職能別組織に生じがちなセクショナリズムを解消する作用をもたらすかもしれません。

ちなみに、図2-3の事業部別組織における「企画チーム」だけがスピンアウトして独立部署になっているような、事業部別と職能別のハイブリッド型組織も存在するかと思います。この場合も基本的な考えは同様であり、売上内容に紐づく活動単位を識別し、責任者を置くという流れになります。

3 「秒速決算」の導入❷ ―営業利益の構成要素を把握する―

「秒速決算」導入の手順2と手順3

「秒速決算」導入の手順として前節では手順1について説明しました。ここでは、手順2と手順3について見ていきます。これは、細分化された活動単位の責任者が中心となって実施する内容ですので、手順1を読み飛ばした小規模組織の方にとっても関連する内容です。

- 手順1　全社の営業利益を測定可能な活動単位に細分化し、責任者をつける（前節）
- **手順2　責任者が営業利益の構成要素（勘定科目）を把握し、担当者をつける（本節）**
- **手順3　必要に応じて手順2の各構成要素をさらに細分化し、担当者をつける（本節）**

営業利益の構成要素とは

営業利益の構成要素の大項目は、

- 売上高
- 売上原価
- 販売費及び一般管理費（販管費）

です。営業利益は、売上高から売上原価と販管費を差し引いて算出されるためですね。そして、それぞれの大項目の中に勘定科目が存在します。この**勘定科目レベルまでを、営業利益の構成要素**とします。

勘定科目の例としては、

- 売上高………商品売上高、製品売上高、サービス売上高
- 売上原価……材料費、労務費（賃金など）、経費（外注費など）、商品仕入高

●販管費………給与手当、地代家賃、広告宣伝費、交際費、支払手数料、減価償却費

といったものがありますが、**勘定科目の使い方については、経理担当の方にうかがい、会計ソフト上の内容と統一する**とよいでしょう。

各活動単位の責任者は、まず**自分の担当する営業利益の構成要素（勘定科目）に何があるのかを把握**してください。

営業利益の構成要素（勘定科目）に担当者をつける

各構成要素（勘定科目）に数値がついている限り、必ず誰かがその数値の元となる活動を行い、集計しているはずです。

たとえば売上高であれば、営業担当者がお客様に対して販売活動をして請求書を発行していますし、商品仕入高であれば、購買担当者が商品仕入の発注を行い、先方からの請求額が正しいかチェックを行っています。

これら各構成要素の数値を誰が担当しているのかを漏れなく把握し、その方たちに数値集計・更新の担当者になってもらいます。担当者を増やせば増やすほど数値更新に関する

確認の手間は増えるかもしれませんが、責任者自らが集計するよりは楽なはずですし、何より**数値に関する当事者意識を持ったメンバーが増えることは利益体質の強化につながります**。みんなで営業利益を増やそうと意識合わせをする上で、複数のメンバーで数値を管理する体制は有意義です。

必要に応じて各構成要素（勘定科目）をさらに細分化し担当者をつける

各構成要素（勘定科目）の金額が大きく担当者が複数いる場合、さらに構成要素を細分化し、それぞれに担当者をつけるとよいでしょう。

たとえば売上高であれば営業メンバーが複数存在し、それぞれに予算がつけられていることがあります。その場合は、売上高の担当者を1人とするのではなく、各営業メンバーにそれぞれの数値を更新してもらうのがスムーズかもしれません（図2-4「製品売上」の箇所を参照）。

各責任者は、各構成要素の数値収集をタイムリーに行えるように、臨機応変に担当者の巻き込み方を変更するとよいでしょう。もし自分ひとりで収集したほうが効率的であれば、それでも構いません。

図2-4 各構成要素に担当者をつけるイメージ

【甲事業部】利益責任者：E島太郎

勘定科目	金額	担当者
売上高	3,100	自動集計
商品売上	1,100	Aさん
製品売上	2,000	詳細へ
売上原価	1,300	自動集計
商品売上原価	500	Cさん
製品売上原価	800	製造部
売上総利益	1,800	自動集計
販売費及び一般管理費	1,379	自動集計
役員報酬	150	人事部
給与手当	800	人事部
法定福利費	130	人事部
旅費交通費	35	経理部
交際費	7	経理部
広告宣伝費	120	Dさん
販売促進費	110	Dさん
支払手数料	10	経理部
支払報酬	2	経理部
雑費	15	経理部
営業利益	421	自動集計

金額	担当者
400	Bさん
1,100	Iさん
300	Jさん
200	Kさん
2,000	合計

このような手順により、「秒速決算」では各担当者（現場社員）が数値を持ち寄り、売上高・売上原価・販管費の各項目を埋めていきます。担当者を分散させると手間が増えるとお考えの場合は誰かに作業を集約させても構いません。いずれにせよ、その**持ち寄った数値に漏れや異常がないかをチェックして、営業利益としてまとめあげるのが責任者の役割**です。

「現場社員の負担が増えるからそんなことやってられない」

そんな声もあるかもしれません。しかし、**日報や週報、経理提出用の資料などで現場社員はどのみち自分が担当する数値をまとめている**はずです。

言うなれば、現場社員それぞれがすでにまとめあげているはずの数値を持ち寄るだけで営業利益がタイムリーに算定されるようになるわけですから、得られる効果を考えれば許容できない手間ではないはずです。

把握できない数値は誤差を許容する

現場社員が自分の管轄部門で把握できない、ないし把握するのが非効率となる数値があります。

たとえば、製造原価は製造部門でないと実数がわからないでしょうし、給与計算は人事部で行った数値が正確でしょう。各人の経費データは経理部で集計した金額が正確かもしれません。そのような数値はほかの部門から収集しましょう。

なお、製造原価や給与計算など、「計算」を行わないと算定できないものは集計がタイムリーでない可能性もあります。そのようなものは一定の仮定を設けて数値を仮置きしましょう（正確な数値が出た後で置き換えます）。

たとえば、原価は1個あたりの標準原価を用いる、給与は前月の数値を用いるなどにより、実数からそれほどかけ離れない数値をはめ込むことができます。「秒速決算」では、タイムリーな数値収集および集計が優先されるわけですから、**経営判断を誤らせない程度の数値の誤差は許容**します。

そもそも会社が採用する会計方針は、公けに認められている複数の方法の中から選択するものなので、会計に関する正確性という定義や解釈自体が難しいです。そのため、**当初は細かい誤差は気にしないという心構え**でいきましょう。

正確な数値が出た後で置き換えます

正確な数値が出た後で置き換えるべき理由などについては、60ページの注釈に記載している内容と同様です。

4 「秒速決算」の導入❸
―本社費や共通費の考え方と処理方法―

本社費や共通費とは

63ページで営業利益を細分化する活動単位は、売上内容に紐づくもの、と整理するのがシンプルと記載しました。その一方で活動単位を細分化すると、売上に紐づけにくいものが出てきます。

たとえばシンプルな例として図2-5を見てみましょう。まず全社単位を細分化した際に、

- 小売事業部（自前のお店で商品販売）
- 卸売事業部（他人のお店に商品を卸し売りする）

図2-5 組織図のイメージ

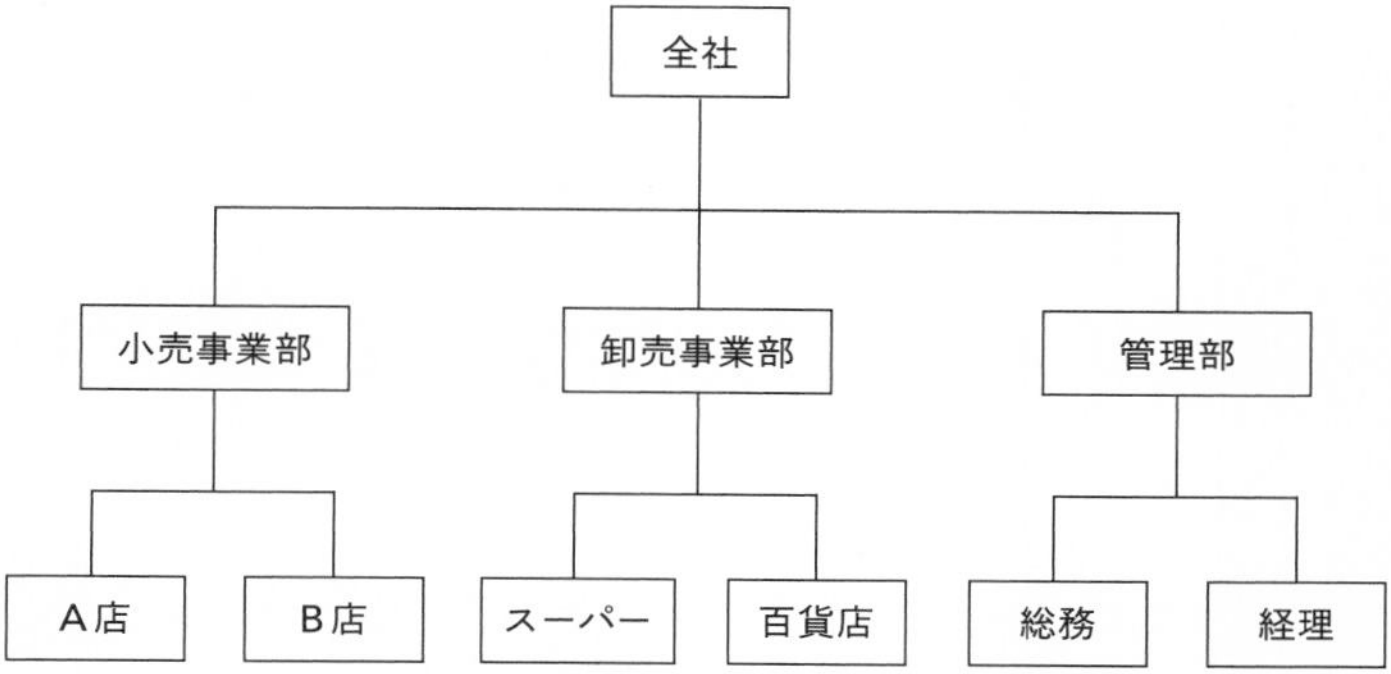

という大枠の「売上獲得」に紐づく活動単位に分けることができます。ただ、

● 管理部

はこれら2つの活動単位両方のために機能するので、それぞれの活動単位に明確な紐づけができません。

また、小売事業部をさらに細分化すると、

● A店
● B店

という活動単位に分けられます。

通常の組織図ではおそらく登場しないでしょうが、小売事業部の中にも、全社にとっての管理部のような「個別の活動単位に明確な紐づけができない機能」が存在するはずです。

たとえば小売事業部長の活動は、小売事業部直下の活動であるものの、それより詳細なそれぞれの活動単位（A店、B店）に明確に紐づけができない可能性が高いです。卸売事業部の場合でも同じようなことが言えるはずです。

これら活動単位に明確に紐づけできない機能に関わる費用を、一般的に「共通費」と言います。中でも一番大枠の全社直下の共通費は、組織図にも登場するくらい影響が大きい活動に関する費用であり、これを特別に「本社費」と表現したりします（役員報酬や本社家賃なども「本社費」に含まれるでしょう）。

活動単位を細分化するごとに、このような共通費の存在に直面します。そこで数値の集計の際には、これら共通費を入れる活動単位的な枠を別枠で設けると便利です（図2-6）。

それぞれの活動単位の営業利益を算定する際は、売上高および直接費（その活動単位のみにかかる費用）のみを集計し、どの活動単位の分か曖昧な費用は「共通」の中に集計しましょう。

また、ほかの活動単位と同様に「共通」の集計にも責任者をつけましょう。そうでない

図2-6　組織図を活動単位に見立てた上で「共通」を加える

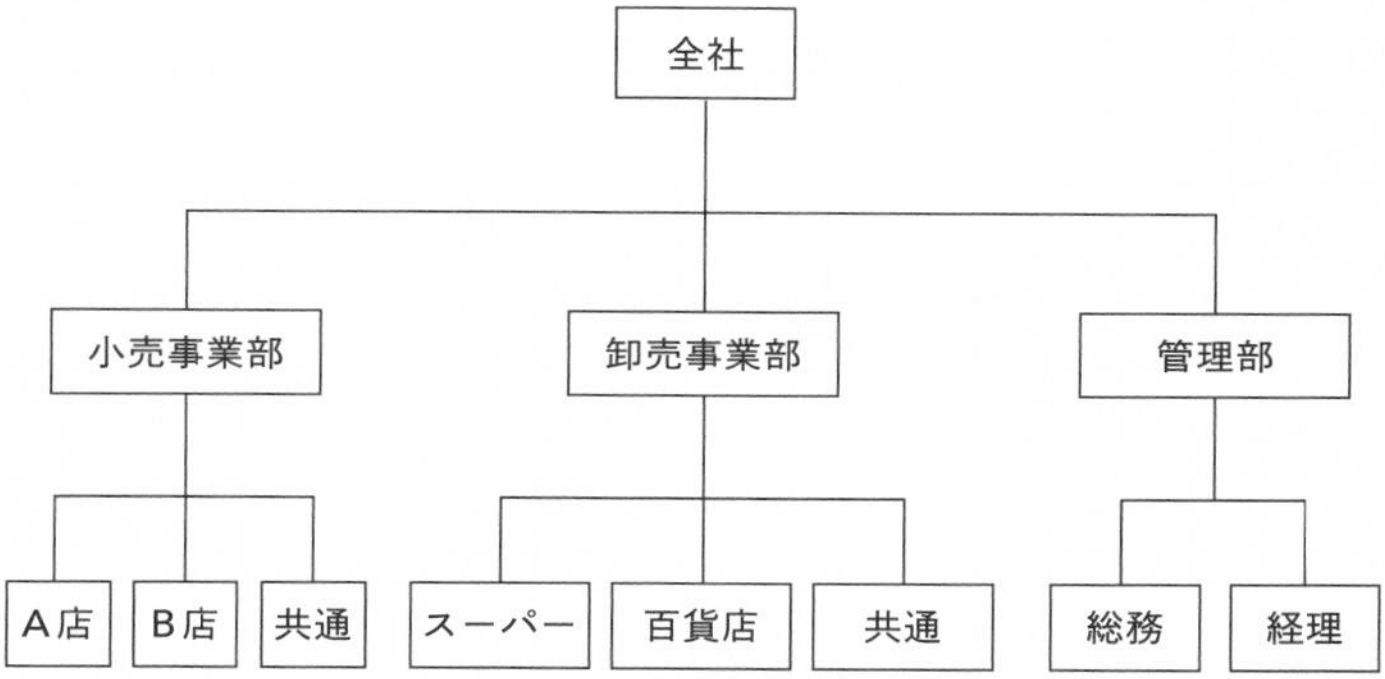

と集計漏れが生じて、その上位階層の活動単位の数値が正確でなくなってしまいます（上位階層の責任者が適任となる場合が多いです）。

図2-6で言うと、A店、B店、共通の集計がそれぞれ正確に行われることで、小売事業部（共通にとっての上位階層）の数値が正確なものになります。

本社費や共通費（以下、まとめて単に「共通費」と言います）は、会社全体や部門全体にとって必要な費用ですから、利益を獲得するために重要なものとして絶対に無視してはなりません。

お客様への販売活動を行っている、いわゆるフロントサイドの社員は共通費の存在を快しとせず、そして軽視しがちですが、経営者や管理者は道楽でこれらの費用をかけているわけではありません。

会社は、これらの費用を吸収してなおかつ利益を獲得しなければなりません。このことは、売上および営業利益を生み出す各活動単位（以下「収益部門」と言います）それぞれが共通費の存在を意識して、その負担を背負っていかねばならないことを意味します。

では、共通費はどのように収益部門に負担してもらえばよいでしょうか。

共通費を収益部門に負担させる方法

多くの会社の部門別の損益計算において、共通費は収益部門へ一定の方法で負担させるケースが見られます。大別すると、共通費を発生させる部門（以下「間接部門」と言います）については、次のような取り扱い方法が見られるかと思います。

- あたかも1つの利益単位として扱い、間接部門から収益部門への売上を認識させる
- コストセンターとして扱い、間接部門で発生した費用を収益部門へ配賦処理する

間接部門

営業部門など、会社の売上に直接影響を与える部門を直接部門と言います。一方で、それら直接部門を支援することを目的とし、売上に直接影響がない人事、経理、総務、法務といった部門を間接部門と言います。

前者については、間接部門の自立性を考慮する方法であり、間接部門を含めた全活動単位を数値で明確に評価できる点において優れています。しかし、いくらで売上を認識させるのか、という論点が非常に奥深く、部門間の調整が大変になりがちです。

一方後者は、間接部門の自立性を考慮しない簡便的な方法であるものの、採用の容易性から多くの企業で用いられている方法です。しかし、どのような基準により配賦処理をしたらよいかの論点も奥深く、より多くの共通費を配賦された収益部門からは不満が出るかもしれません。

いずれにしても、どちらも面倒くさそうです。

これらを考え出すと数値集計のプロセスが複雑になり、**「秒速決算」の趣旨（各活動単位のタイムリーな営業利益の把握）が達成困難になりがちですので、「秒速決算」ではいずれも行わない方針とします。**

共通費を収益部門に負担させる主な理由は、共通費の存在を収益部門に認識させ、その分も利益を獲得しなければならないことを理解してもらうことですので、その目的を満たす別の方法を考えることにしましょう。

間接部門から収益部門への売上を認識させる

間接部門は収益部門に対して労力を提供しています。その労力に見合った対価を収益部門へ請求できると考えれば（実際には社内なので請求はしませんが）、間接部門から収益部門への売上が認識できることになります。一方で、収益部門では間接部門に対する費用を認識することになります。この売上の算定方法には、間接部門の費用に一定の利益率を乗せた金額とする、外部へ依頼するとした場合の見積額とする、といったものが考えられます。

共通費を収益部門に負担させない方法

共通費を収益部門に負担させる場合（この例では実費の配賦処理とします）と、共通費を負担させない場合のイメージを図2-7、図2-8に示します。

図2-6で登場した「小売事業部」の部分をピックアップしたものですが、小売事業部の合計ベースでは全く同じ結果です。異なるのが、内訳の各活動単位の利益です。

共通費を配賦する図2-7の場合は、収益部門であるA店、B店の営業利益が少なく算定され、「共通」の損益はゼロとなっています。共通費を配賦しない場合に比べ、B店は赤字に陥ってしまう状況です。

共通費を回収するために、経営者や管理者はこの赤字の状態を示し、B店の責任者（B店長）に「もっと頑張れ」と言いたいはずです。仮に、図2-8のみが示された状態であれば、B店長は「黒字であり自分はよくやっている」と慢心しがちとなりますが、その状態にはなってほしくありません。そういった点を理解しつつも、図2-7の計算は「秒速決算」の趣旨にそぐわないことから、本書では、あえて図2-8の状態でよい、と提案しています。

配賦（はいふ）

本社費や共通費といった複数の活動にまたがる費用を、配賦基準（事前に定めた分配のためのルール）に従って配分処理することを言います。管理会計でよく出てくる用語です。

図2-7 共通費を配賦する場合

	A店	B店	共通	小売事業部 合計
売上高	1,200	700	0	1,900
売上原価	360	210	0	570
売上総利益	840	490	0	1,330
販管費	450	350	500	1,300
共通費配賦額	300	200	△ 500	0
営業利益	90	△ 60	0	30

図2-8 共通費を配賦しない場合

	A店	B店	共通	小売事業部 合計
売上高	1,200	700	0	1,900
売上原価	360	210	0	570
売上総利益	840	490	0	1,330
販管費	450	350	500	1,300
共通費配賦額	0	0	0	0
営業利益	390	140	△ 500	30

目標利益を高めに設定することで共通費の分配計算を回避する

私は、各収益部門にはっぱをかけることを目的とする場合、共通費の分配（配賦）計算を行わずとも、目標利益を高めに設定することで事足りると考えます。

たとえば、図2-7においてB店の目標営業利益を「0」とする場合と、図2-8においてB店の目標営業利益を「200」とする場合で比較すると、どちらも目標にあと60足りていない同じ状況になります。共通費を配賦していない図2-8であっても、目標利益を共通費の分（200）だけ高めに設定することによって、上長はB店長に対して「あと60利益を増やせるようにできることを考えよう」とはっぱをかけられるようになるわけです。このように、目標利益の設定でB店長の慢心は防ぐことができそうです。

ところで、目標利益の設定は、実績を把握するタイミングでなく、あらかじめ行うものです。そのため共通費の分配計算についても、実績値ではなく見込値を用いて試算せざるをえません。

先ほどの例の「200」は、あたかも実績値をベースに事後的に設定したような話だったので紛らわしかったのですが、目標利益を設定するタイミングで実績値は把握しようがないので、先ほどの「200」は、実績値と見込値がたまたま一緒だったという前提での話と捉えてください（イレギュラーがない限り共通費の見込値と実績値は近似します）。

そのため、ここからは目標利益設定の前提とする共通費の負担計算は「見込値」ベースの話として捉えていただければと思います。

収益部門の目標利益をどれだけ高く設定するか

共通費を各収益部門に負担させる場合の目標利益は、89ページの図2-9のように算定されます。共通費を負担させない場合の各収益部門の目標利益は、そこから共通費の分だけ高めに設定するということでしたので、図2-10のパターン1のように算定されます。

つまり、図2-9における「共通費配賦前利益」をそのまま用いればよいでしょう。

ところで、図2-10のような形で目標利益を示す場合は、共通費の分配計算をどのように行っているかを各収益部門に見せるわけではないので、経営者は責任者へ、単に「この数値を目標に頑張って」と伝えるだけのはずです。

ということは、図2-10で示す目標利益を、図2-9で示す共通費を配賦した後の目標利益からどれくらい高めに設定するかという論点においては、**厳密ではなく、ある程度**

ざっくりと設定してもよさそうです。

設定した収益部門の目標利益の合計額と間接部門の赤字（見込値）の合計額が全社の目標利益となりますが、その**全社の目標利益（図2-10では350）が固定されていれば、内訳はある程度柔軟でもよい**と言えます。

つまり、図2-10におけるパターン1でも、パターン2でもどちらでもよいのでは、ということです。事業部1の責任者が、「何でうちの部の目標利益が600なんですか」とか「何で650なんですか、根拠を教えてください」とは通常言ってきません。

もし聞かれても、「利益をたくさん稼がないと会社が成長できないから」とか「間接部門の恩恵を受けているんだからその分も稼がないといけないでしょ」といった程度の回答で十分でしょう。少なくとも、図2-9のように共通費配賦額が示されている状況ではないため、共通費をどうやって分配したかの説明をしなくても問題ありません（ちなみに、ここで言う目標利益と予算利益は同義であり、その算定方法や月別にブレークダウンする方法などは第4章で説明します）。

このように、「共通費を負担させない」目標利益を用いると、面倒な共通費の分配計算を省略できるのみならず、共通費の負担を「見えない化」することで、共通費に対する収益部門メンバーの後ろ向きな気持ちを薄める効果も得られます。

図2-9 共通費を負担させる場合の目標利益の設定

	事業部1	事業部2	本社費	全社合計
共通費配賦前利益	600	300	△ 550	350
共通費配賦額	350	200	△ 550	0
目標利益	250	100	0	350

図2-10 共通費を負担させない場合の目標利益の設定

パターン1（図2-9の共通費配賦前利益から目標利益を設定）

	事業部1	事業部2	本社費	全社合計
目標利益	600	300	△ 550	350

パターン2（全社合計利益が350になるように適当に目標設定）

	事業部1	事業部2	本社費	全社合計
目標利益	650	250	△ 550	350

パターン1でもパターン2でも利益の全社合計額は同じ。経営者からどちらを示されたとしても、目に見えるコントロール不能な負担（共通費配賦額）があるわけではないので、各部門から不満が出にくい。

図2-9も図2-10も経済効果はほぼ同じなので、どちらを採用してもよいのですが、「秒速決算」ではその目的達成のため、**できるだけ集計作業を簡略化して実効性を確保できる方法を選択**します（図2-10のパターン2の考えが楽そうです）。

なお、図2-10による方法（パターン1、パターン2問わず）を採用したとしても、収益部門全体で共通費（見込値）を賄える目標利益の設定になっているわけですから、共通費の分配計算をして、各収益部門に共通費を振り分けることと同様の効果（共通費の分を含めて収益部門で稼がねばならないという意識づけ）は得られます。

最低限設定したい目標利益

ところで、目標利益を高めに設定するという方法によって各収益部門の共通費の実質負担額がある程度ざっくり算定されることになったとしても、最低限、共通費（見込値）の分配を想定した利益が赤字にならないような設定にはしたいところです。

簡便的な例として、分配基準を収益部門の人数として見てみましょう。

たとえば、共通費の見込額が5万で、収益部門の合計人数が100人だとしたら、1人あたり500の共通費の負担ということになります（50000÷100）。自部門に15

人所属している場合は、７５００（５００×15）の共通費を負担する必要がありますが、この場合、少なくとも目標利益を７５００以上に設定するべきということです。

ここでは単純に分配基準を収益部門の人数としましたが、会社にとってやりやすいほかの分配方法があれば、それを採用してください。また、実際に費用を分配するわけではないので、その分配計算自体は厳密なものとしなくてよいでしょう。

いずれにしても、共通費の分配額分くらいは利益を稼いでもらわないと間接部門からサービス提供を受ける資格がない存在になってしまうわけですから、目安を定め、それくらいは頑張ってもらうよう、はっぱをかけていきましょう。

共通費を削ることは成果

共通費は、別途その間接部門の予算管理においてきちんと締める必要があります。収益部門に実質的に負担させるからといってジャブジャブ使っていいわけがありません。むしろ収益部門の負担を減らすべく、**月日を追うごとに効率化のもと絞っていくべき**ですので、その点は誤解のないように対応してください。

収益部門の現場社員のモチベーションにも関係しますので、**無駄な共通費（間接コスト）はどんどん削りましょう**。削った分は当該間接部門の成果です。

投資フェーズの活動の赤字をどう考えるか

会社の中には、将来性を感じて投資フェーズとなっている活動が含まれている場合があります。これらの活動はそもそも赤字の予定とされているものですが、会社全体としては当該赤字をほかの活動で補っていく必要があります。つまり、共通費と同じようなものです。

このような活動を本社費扱いにするか、部門共通費的な扱いにするかはその活動の立ち位置次第です。いずれにしても、収益部門で負担しなければならない（収益部門の目標利益に加算するべき）という点について認識してください。

なお、間接部門と異なりこれらの活動を利用するほかの活動はないわけですから、赤字の分配基準の考え方としては、利益をたくさん獲得している部門が負担するという「負担能力基準」がベースになるでしょう。

5 「秒速決算」の導入❹
―製造部門がある場合の処理―

製造部門がある場合、原価の認識はどうするか

活動単位別に営業利益を把握する際、売上に対する原価（売上原価）は漏らすことなく計上する必要があります。もし会社に製造部門がある場合、販売する製品は自前の製造部門で作られます。そのため各活動単位の原価として、製造部門のコストをベースに算定した原価、ないし製造部門において設定した売価を計上する必要があります。場合によっては部門間で取引を行ったような処理をすることになります。

前節に記載した本社費や共通費とは違い、原価の計上は、その活動単位の事業性を評価する上でとても重要なので、図2-11のように各活動単位における負担計算を端折ってはいけません。

事業性を評価

事業に稼ぐ力があるか否かの評価を意味します。もし事業性がないと判断される場合は、その事業の撤退を検討しなければなりません。通常は、売上高とその事業にかかる直接費から算定される利益をベースに考えます。そのため事業性の評価に原価の集計は必須です。ちなみに、共通費の負担額は事業性評価に影響させませんので、前節で記載したようにその集計をカットしてもよいのです。

図2-11 各部門での原価負担額の算定を端折るイメージ

	A事業部	B事業部	製造部	全社計
売上高	1,200	1,000	0	2,200
外部売上	*1,200*	*1,000*	*0*	2,200
内部売上	*—*	*—*	*0*	0
売上原価	0	0	950	950
製造原価	*0*	*0*	*950*	950
内部原価	*0*	*0*	*0*	0
売上総利益	1,200	1,000	△950	1,250
販管費	400	300	0	700
営業利益	800	700	△950	550

売上原価0で算出された営業利益からは、その部門の事業性がわからない。

図2-12　製造部門を活動単位と認識しない場合の集計イメージ

	A事業部	B事業部	全社計
売上高	1,200	1,000	2,200
外部売上	*1,200*	*1,000*	2,200
内部売上	*0*	*0*	0
売上原価	550	400	950
製造原価	*550*	*400*	950
内部原価	*0*	*0*	0
売上総利益	650	600	1,250
販管費	400	300	700
営業利益	250	300	550

- 全社利益の集計の際に、製造部門は登場しない
- 製造原価は標準原価として暫定値を織り込む
（上記の例は実際原価と標準原価がたまたま一致し、図2-13の全社利益と一致）

図2-13　製造部門を活動単位と認識する場合の集計イメージ

	A事業部	B事業部	製造部	内部取引相殺	全社計
売上高	1,200	1,000	1,150	△ 1,150	2,200
外部売上	*1,200*	*1,000*	*0*	*0*	2,200
内部売上	*0*	*0*	***1,150***	*△ 1,150*	0
売上原価	650	500	950	△ 1,150	950
製造原価	*0*	*0*	*950*	*0*	950
内部原価	***650***	***500***	*0*	*△ 1,150*	0
売上総利益	550	500	200	0	1,250
販管費	400	300	0	0	700
営業利益	150	200	200	0	550

- 全社利益の集計の際に、製造部門が登場する
- 各事業部の原価は製造部からの振替価額を用いる

本書では、各活動単位の原価負担の考え方について、

❶製造部門は活動単位として認識せず、原価は標準原価を当てはめる（図2-12）
❷製造部門を活動単位として認識し、部門間取引の価格を原価とする（図2-13）

の2パターンを見ていきたいと思います。

❶製造部門は活動単位として認識せず、原価は標準原価を当てはめる

これは、あたかも製品を外部から購入する場合と同じように処理する方法です。外部から製品を購入する場合は、仕入先を社内の活動単位として扱わないわけですから、同様の考えのもと、全社利益の集計に製造部は登場しませんし（図2-12）、製造部の実際原価がいくらだったかのタイムリーな集計は端折られることになります。

1個あたりの標準原価をいくらと決める、原価率を何%と決めるなど方法はいくつかあると思いますが、標準原価はあくまで初期設定値なので、数カ月に1回、ないし長くても1年に1回は実際原価と比較の上、見直すべきでしょう。標準原価を定

製造原価

制度的には、製造原価は「全部原価計算」で行うこととされています。「全部」には、製造個数に比例的にかかる変動費のみならず、労務費や製造経費といった固定費も含まれます。固定費は不変なので、製造個数を増やすと1個あたりの原価は下がってしまいます（つまり恣意的な原価操作も可能）。一方、変動費のみを原価とする「直接原価計算」によると1個あたりの原価は変わりません。そのため「直接原価計算」により経営管理を行う会社も多いのですが、制度で認められていないため、管理会計目的として別枠で採用します。

期的に見直すことで、簡便的な方法であっても実際の数値に近づけることができます。

なお、実績値が集計された後には事後的でも実績値への置き換えを行いましょう。

そして、**標準原価による算定値と実績値の差額は、通期の業績（累計額）に大きく影響するかもしれないので、関係者はその影響度合いをきちんと把握しましょう。**

標準原価がロジカルに算定されている場合は、実績値との差額が大きくなりにくいはずですが、異常の発生も考慮してケアしていきましょう。

❷製造部門を活動単位として認識し、部門間取引の価格を原価とする

経営者が製造部門の活動成果もタイムリーに把握したい場合は、製造部門も活動単位として認識し、収益を獲得する各活動単位へ、振替価格での販売取引を行ったものとみなします。図2-13に示したように、製造部から各事業部へ製品を売り上げ、同額を各事業部の原価とします。製造部から各事業部への販売取引を認識することで、製造部も各事業部もそれぞれの営業利益の算定が可能となります。

この❷の場合は内容が複雑です。そもそも振替価格はいくらにするか、そして製造部の「製造原価」はどのように算定したものを利用すべきかなど、これだけで本1

原価計算の手法

原価計算の手法には大きく「標準原価計算」と「実際原価計算」があります。前者は、製品1個あたりの標準原価に生産数を掛け合わせて製造原価を算定する簡便的な方法です（実績値との差額は決算時に要調整）。後者は、実績値をもって製造原価を算定する方法です。本文の❶では、全部原価計算を前提とした標準原価計算の話をしていますが、直接原価計算を前提とした標準原価計算も管理会計上は考えられます。その場合は変動費のみ標準原価、それ以外の製造原価は実績値で集計します。

冊になるようなボリュームがあります。その上、採用する原価計算の手法によっては計算にとても時間がかかるかもしれません。また、製品在庫を把握しなければ売上原価の算定が完了しませんので、在庫把握に時間がかかる場合は計算時間がさらに長引くかもしれません。

本書では「秒速決算」の趣旨を考慮して、どちらかと言うと❷の採用は見送り、**「製造原価は標準原価で対応し、後から実績に置き換えればOK。製造部の評価は別枠で行いましょう」という❶の立場をとりたい**ところです。

しかし、製造部門は利益に与える影響も大きく、タイムリーに活動成果（特にコスト構造）を把握できるように❷を採用すべきとする要請もあるでしょう。

その場合は仕方ありません。（1）各収益部門（図2-13におけるA事業部、B事業部）の負担が大きくならないよう、たとえば前期の1個あたり製造原価など、製造部の営業利益がギリギリ黒字となる振替価格を製造部の売上高（各収益部門の原価）として固定的に設定し、（2）製造部の原価の把握は、直接原価計算を前提とした標準原価計算を採用する（在庫の影響は考えない）、といった方法により、「秒速決算」の趣旨と経営管理の要請を同時に達成できる方法を何とか見出していきましょう。

前期の1個あたり製造原価

全部原価計算を前提とした標準原価ということで、本文の❶において各収益部門に設定される原価（ただし❶の場合は期中での適宜見直しを前提）とほぼ同じ金額になることが想定されます。製造部門では、前期よりも原価をコストダウンさせることが成果の1つになりますので、前期の1個あたり製造原価を製造部門の売上高とし、当期の製造原価を費用として利益管理することは、製造部門の成果を可視化させる上で役に立つでしょう。

6 「秒速決算」の導入 5 ―利用するツールと導入例―

各担当者が管理・更新するバラバラの数値をどのように集計するか

「秒速決算」は、営業利益を稼ぎ出す活動単位を細分化し、さらにその構成要素（勘定科目）に担当者をつけ、各担当者が数値の更新を手動で行っていきます。

数値に関連する社員が複数になるわけですが、それぞれがバラバラに数値管理していては全く意味がありません。**これらを集計してはじめて経営者や管理者にとって有意義な情報になる**のです。

ただし、もしこの集計を誰かが行うとなると、多大な手間となり非合理的です。そこで、バラバラで管理している数値を自動で収集・集計するためのツールと、その具体的な導入例を紹介したいと思います。

直接原価計算を前提とした標準原価計算
「原価計算の手法」の注釈を参照してください（97ページ）。

Googleに手を貸してもらう

「秒速決算」導入のための便利ツールとして、Googleが提供するGoogleスプレッドシートを挙げます。Googleスプレッドシートには次のような特徴があります。

- Microsoft Excelと同じような機能のスプレッドシートが**無料**で利用できる
- **いつでも・どこでも**オンラインで編集や閲覧が可能
- 同じスプレッドシート上で**ほかのユーザーと同時に作業ができる**
- 閲覧者や共同作業者の権限を設定できる（誰でもアクセスできるわけではない）
- Excelファイルへの変換、Excelファイルからの変換が両方ともできる

※ https://www.google.com/intl/ja_jp/sheets/about/ 参照。

オンライン環境さえあれば、基本的に、いつでも・どこでも・誰でも・無料で利用できます。無料ツールのため、「秒速決算」を運用する観点からの欠点がないわけではありませんが、Googleスプレッドシートの利用で、**ペーパレス、リモート環境での数値管理**

無料で

無料の場合は保存できるファイルなどの容量が限られています。大量にデータを扱う場合や、そのほかのツールと並行した商用利用の場合は別途料金が発生する可能性があるのでご注意ください。詳細はGoogleのWebサイトを参照してください。

が可能になります。

Googleスプレッドシートを利用する理由はこれだけではありません。最も魅力的なのは、バラバラに作成したシートをつなげる「素晴らしい関数」が存在することです。たとえば、あるAというシートを更新した場合、別のBというシートでAを参照していれば、Bの当該箇所も自動で更新されるのです。この関数の存在により、**バラバラのシートで作業していた内容も自動で集計できる**ようになります。

「素晴らしい関数」とは

ちょっと大げさかもしれませんが、この関数を最初に発見したときは素直に感動しました。今までさんざん苦労していた手作業集計の問題が一瞬で解消されたからです。

それは、「**IMPORTRANGE**」という関数です。

本書の執筆時点ではExcelにはない関数のようです。もしかするとExcelでもマクロを組んだりすると実現できるのかもしれませんが、私にはそんな高等技術はないので、ここでは**ほかのツールでは実現できない関数**と言い切ることにします。

具体的にどのようなことができるようになるかを示したのが図2-14です。

「秒速決算」を運用する観点からの欠点

表示が遅い、スマホで見にくい、本書で説明するようなセッティング作業が面倒くさい、といったストレスはどうしても避けられません。これらのストレスをなくしたいというクライアントのご要望から、株式会社KMSでは別途オリジナルのシステムを開発しています。無料というわけにいかないのでハードルは上がりますが、導入された皆様は少なくとも上記のようなストレスからは解放されているようです。ご興味ある場合はお問い合わせください。

参照元シート

②

	A	B	C	D	E	F
1	科目	×1年4月	×1年5月	×1年6月	×1年7月	
2	売上高	400	371	360		
3	売上原価	232	216	212		
4	売上原価率	58.0%	58.1%	59.0%		
5	売上総利益	168	156	148		
6	販管費	133	131	133		
7	営業利益	35	25	15		
8						
27						
28						

＋ ≡ 参照元 ▾ シート2 ▾

IMPORTRANGE関数で参照するセルは、1つでもよいし、範囲指定でもよい。

範囲指定の際は、参照先シートで選択したセルから右方向および下方向にデータが取り込まれる。

参照先シート上で、その範囲内にすでにデータがある場合はエラーになる。

手動で更新

④

	A	B	C	D	E	F
1	科目	×1年4月	×1年5月	×1年6月	×1年7月	
2	売上高	400	371	360	410	
3	売上原価	232	216	212	235	
4	売上原価率	58.0%	58.1%	59.0%	57.3%	
5	売上総利益	168	156	148		
6	販管費	133	131	133		
7	営業利益	35	25	15		
8						

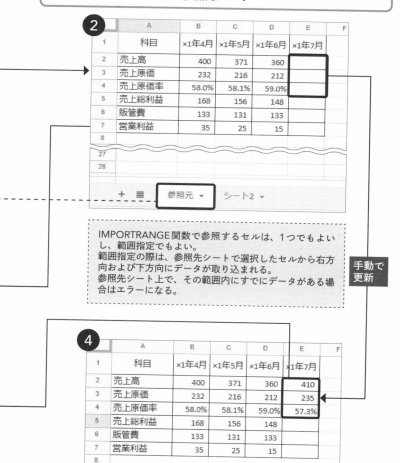

図2-14 IMPORTRANGE関数の導入イメージ

参照先シート

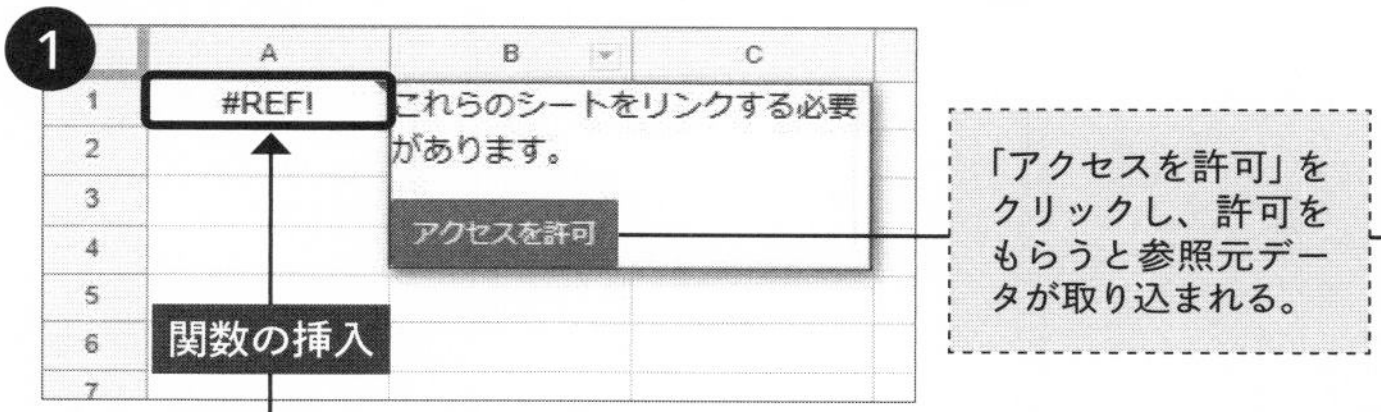
1
A
B
C
#REF!
これらのシートをリンクする必要があります。
アクセスを許可
関数の挿入
「アクセスを許可」をクリックし、許可をもらうと参照元データが取り込まれる。

=IMPORTRANGE（“参照元シートのURL”，“参照元シートのシート名!参照したいセルの範囲")

今回の例の場合は以下のように指定する。

=IMPORTRANGE("https://docs.google.com/spreadsheets/d/135TqGZhgQS5aX10hN2mSBTvhs1WymKIOGb4J28fFHbk/edit#gid=0","参照元!a1:g9")

3

	A	B	C	D	E
1	科目	×1年4月	×1年5月	×1年6月	×1年7月
2	売上高	400	371	360	
3	売上原価	232	216	212	
4	売上原価率	58.0%	58.1%	59.0%	
5	売上総利益	168	156	148	
6	販管費	133	131	133	
7	営業利益	35	25	15	
8					

自動取込

5

	A	B	C	D	E
1	科目	×1年4月	×1年5月	×1年6月	×1年7月
2	売上高	400	371	360	410
3	売上原価	232	216	212	235
4	売上原価率	58.0%	58.1%	59.0%	57.3%
5	売上総利益	168	156	148	
6	販管費	133	131	133	
7	営業利益	35	25	15	
8					

自動更新

用意するのは2種類のシートで、参照元のシートと参照先のシートです。参照元のシートを更新すると、参照先のシートも自動更新されるようになる、という関係です。

バラバラに更新されるデータをスムーズに集計するためのコツ

「IMPORTRANGE」関数、いかがでしょうか。すでにご存知の方もいらっしゃると思いますが、ご存知なかった方は非常に便利と感じたのではないでしょうか。

バラバラに更新されるデータを手間なくタイムリーに収集するためのツールを紹介しましたが、ここでデータをスムーズに集計するためのコツも紹介します。

数値は末端の活動単位で手動で更新されるわけですが、経営者が知りたい数値は末端の活動単位のものだけではありません。それらがさらに集計されて全社的にどのような数値となっているかを第一に把握する必要があります。数値の更新は末端から、経営者にとっての重要性は全体からであり、データを更新する流れと経営者が検討するデータの流れは真逆です（図2-15）。

図2-15 数値集計の流れと経営者が検討するデータの流れ

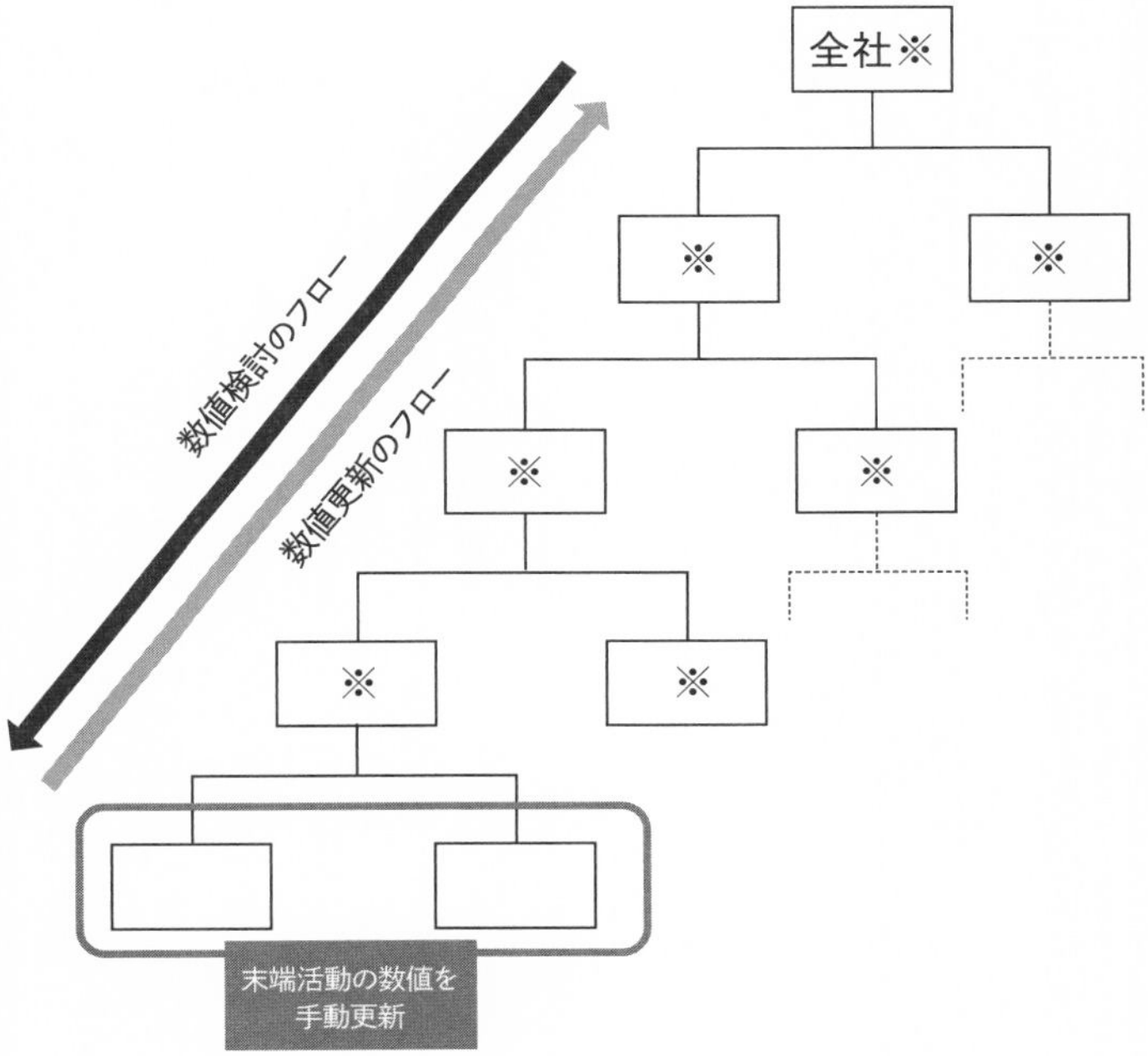

- 数値は末端部門から上位階層に向けて更新される
  （上位階層の数値は下位階層の数値の合計として集計）
- 経営者はまずは全体の数値を把握して、気になる部分をブレークダウンして検討する
  ⇒数値更新のフローと経営者による数値検討のフローは真逆

※末端活動の数値を更新すると、全社レベルに至るまで上位階層の数値が自動集計されると嬉しい

そのため、各数値が担当者によって手動更新されたら、単にその活動単位の営業利益が集計されるのみならず、**経営者が知りたい内容に自動的に集計される**必要があります。そのためには、

❶経営者が集計結果としてどのように数値を把握したいかを決める
❷そのために、どのようなデータの集計フォームを作ったらよいかを決める
❸末端の活動単位の数値を更新したら上位の活動単位の数値も自動的に更新されるようにフォームを統一する（使用すべき項目をあらかじめ設定する）

といった手順が必要になります。

具体例で見ていきましょう。

まず、用いる例として活動単位を図2-16のように細分化しました。全社単位を、「小売事業部」「卸売事業部」「管理部」に細分化し、「小売事業部」をさらに「東日本」「西日本」に細分化しています。このような大枠の単位だと、まだ細分化が十分でないのが通常でしょうが、後は同じことの繰り返しなので、この例では細分化はここまでにしたいと思います。

図2-16 手動更新する活動単位の例

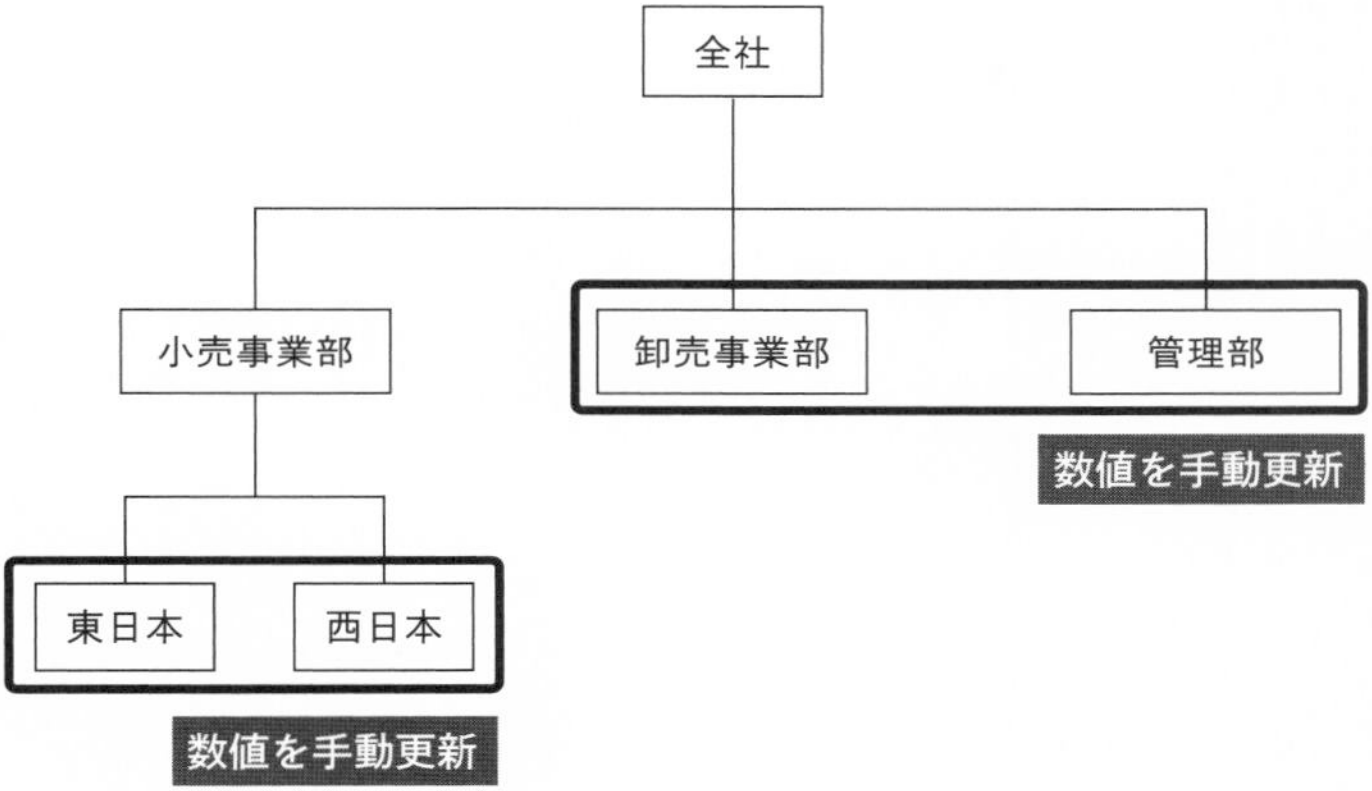

この例の場合、数値の手動更新を行う末端の活動単位は、「東日本」「西日本」「卸売事業部」「管理部」ということになります。「東日本」「西日本」を手動で更新すると「小売事業部」の数値が自動集計され、別途更新する「卸売事業部」「管理部」との合計により**「全社」単位の数値が自動で導き出される**イメージです。

より詳細は108ページのURLにアクセスしてください。Googleスプレッドシートを使ったサンプルのシートです。こちらはシートを保護するため直接編集はできないようにしていますが、シートをコピーしたり、使用している式を参照してもらえば同じようなものを作ることができると思います。

https://docs.google.com/spreadsheets/d/1io2i7RapQx2uAWxNaq1pYUQtvyskzUuem4mFQ0c6aPl/edit#gid=374669966

❶ 経営者が集計結果としてどのように数値を把握したいかを決める

図2-17を見てください。ここでは、まず全社数値のサマリーとして、特定月（今月など）の「単月」と「累計」の数値を把握したいとします。左上の「C1」セルにおいて月を選択すると、その月の数値が自動集計の上、表示されます。

数値は比較することが重要なので、「前期」と「予算」も同時に集計されるように設定しています。なお、全体の数値からブレークダウンすることではじめて何の活動単位がよくて、何の活動単位がボトルネックになっているかを把握できるようになるため、営業利益の内訳（全社単位の1つ下の階層別）も一目でわかるようにしています。

営業利益で気になる活動単位があれば、「詳細を見る」をクリックするとそのシートに飛びます。経営者の求めに応じて売上高の内訳なども追加するとよいでしょう。

図2-17 全社単位の数値サマリー

金額単位：千円

	B	C	D	E	F	G	H	I	J	K
1		2022年3月	←選択して下さい	単月				累計		
2		❶		前期	当期	予算		前期	当期	予算
3	売上高			1,017,042	897,500	1,063,692		10,422,165	9,409,165	10,811,350
4		製品売上高		784,312	759,500	819,492		8,215,855	8,014,960	8,467,400
5		商品売上高		232,730	138,000	244,200		2,206,310	1,394,205	2,343,950
6	売上原価			439,030	361,550	452,476		4,556,029	3,816,799	4,663,787
7		製品売上原価		287,756	271,850	293,746		3,121,927	2,910,566	3,140,220
8		商品売上原価		151,274	89,700	158,730		1,434,101	906,233	1,523,567
9	売上原価率			43.2%	40.3%	42.5%		43.7%	40.6%	43.1%
10	売上総利益			578,011	535,950	611,216		5,866,136	5,592,365	6,147,562
11	販管費			461,272	437,400	435,455		5,278,309	5,253,951	5,247,960
12		役員報酬		18,000	18,000	18,000		216,000	216,000	216,000
13		給料手当		272,175	258,692	257,000		3,173,944	3,130,530	3,104,000
14		法定福利費		43,526	41,503	41,250		508,491	501,979	498,000
15		広告宣伝費		27,750	18,500	18,500		233,001	208,030	222,000
16		地代家賃		74,002	74,705	74,705		868,064	888,043	896,460
17		その他		25,817	26,000	26,000		278,807	309,367	311,500
18	営業利益		❷	116,739	98,549	175,761		587,826	338,414	899,602
19										
20	【営業利益内訳】									
21	全社		❷	116,739	98,549	175,761		587,826	338,414	899,602
22	小売事業部	❸	詳細を見る	161,542	149,745	217,220		1,034,734	1,046,433	1,365,762
23	卸売事業部		詳細を見る	26,064	18,900	29,796		391,528	145,151	385,900
24	管理部		詳細を見る	(70,868)	(70,095)	(71,255)		(838,436)	(853,171)	(852,060)

❶ 月を選択すると各数値が変わる

❷ 営業利益は追求すべき重要な数値のため、必ず内訳を見られるようにする。そのほか売上高の内訳、売上総利益の内訳など経営者が必要と思う情報を載せていく

❸「詳細を見る」をクリックすると、その活動単位の数値サマリーシートに飛び、売上高から営業利益に至る各数値を見られる

▼❷ どのようなデータの集計フォームを作ったらよいかを決める

ここでは毎回、図2-17のような形で数値を把握すると決めたとします。では、この形式での数値把握をタイムリーにできるように、その元となる集計フォームを決めましょう。

月を選択したときに、その月単月ないしその月までの累計数値を集計したいわけですから、その元となる集計フォームには、月次推移の形で数値集計する必要があります。具体的には112~113ページの図2-18のような形で集計します。

なお、サマリーで月を選択したときにどのように自動集計されるかはExcelテクニックの話になりますので詳細は割愛します。具体的には108ページのURL内の数式を参照してもらえればと思います。

▼❸ 末端の活動単位の数値を更新したら上位の活動単位の数値も更新されるようにフォームを統一する

図2-18（「全社」の月次推移）は、「小売事業部」「卸売事業部」「管理部」の月次推移の合計として算定しています。同じスプレッドシート内の別シートに「小売事業部」「卸売事業部」「管理部」の月次推移を集計し、その合計額として「全社」月次推移を**自動集**

計しています。

数式は単なる足し算ですが、この足し算を容易にするために、各活動単位のフォームは「全社」のものと全く同じものを使用しています。つまり、**勘定科目などは全て統一しています**。仮に該当する数値がなかったとしても、その勘定科目の行を削除したりせず、そのまま用います。

なお、このスプレッドシートは「全社」単位の検討者（経営者など）のみが見ることができるものなので、「小売事業部」「卸売事業部」「管理部」については別のスプレッドシートを用意して、その活動単位の責任者が更新します。

そして、IMPORTRANGE関数を用いて「全社」スプレッドシート内の各活動単位のシートに自動更新をさせるわけです。

「小売事業部」内のスプレッドシートについてはさらに「東日本」と「西日本」とに階層が分かれますが、やっていることは「全社」の内容と同じです。仮に「東日本」と「西日本」より下に活動単位を細分化させるとしても、「全社」でやっていることの繰り返しです。イメージは、114ページの図2-19のようになります。

金額単位：円

2021年10月 当期	2021年11月 当期	2021年12月 当期	2022年1月 当期	2022年2月 当期	2022年3月 当期	合計
758,250,000	**768,900,000**	**770,001,221**	**802,250,000**	**791,150,000**	**897,500,000**	**9,409,165,920**
647,750,000	653,300,000	662,001,221	684,750,000	665,150,000	759,500,000	8,014,960,595
110,500,000	115,600,000	108,000,000	117,500,000	126,000,000	138,000,000	1,394,205,325
308,150,000	**315,130,000**	**312,800,366**	**325,800,000**	**325,445,000**	**361,550,000**	**3,816,800,000**
236,325,000	239,990,000	242,600,366	249,425,000	243,545,000	271,850,000	2,910,566,538
71,825,000	75,140,000	70,200,000	76,375,000	81,900,000	89,700,000	906,233,461
40.6%	**41.0%**	**40.6%**	**40.6%**	**41.1%**	**40.3%**	**40.6%**
450,100,000	**453,770,000**	**457,200,855**	**476,450,000**	**465,705,000**	**535,950,000**	**5,592,365,920**
434,872,756	**426,749,641**	**448,489,788**	**438,677,303**	**438,053,525**	**437,400,801**	**5,253,951,602**
18,000,000	18,000,000	18,000,000	18,000,000	18,000,000	18,000,000	216,000,000
259,711,092	260,690,992	260,291,120	259,802,003	259,259,587	258,692,001	3,130,530,503
41,656,664	41,803,649	41,743,668	41,670,300	41,588,938	41,503,800	501,979,575
14,800,000	5,550,000	27,750,000	18,500,000	18,500,000	18,500,000	208,030,441
74,705,000	74,705,000	74,705,000	74,705,000	74,705,000	74,705,000	888,043,416
26,000,000	26,000,000	26,000,000	26,000,000	26,000,000	26,000,000	309,367,667
15,227,244	**27,020,359**	**8,711,067**	**37,772,697**	**27,651,475**	**98,549,199**	**338,414,318**

この範囲の数値が
図2-17の数値の元になっている

図2-18 全社単位の数値サマリーを作るための基礎フォーム

科目	2021年4月 当期	2021年5月 当期	2021年6月 当期	2021年7月 当期	2021年8月 当期	2021年9月 当期
売上高	**848,906,157**	**791,433,476**	**724,368,311**	**735,810,102**	**752,503,178**	**768,093,475**
製品売上高	712,924,362	669,203,474	613,868,126	633,794,799	650,008,478	662,710,135
商品売上高	135,981,795	122,230,002	110,500,185	102,015,303	102,494,700	105,383,340
売上原価	**350,311,498**	**324,412,388**	**295,766,183**	**286,633,011**	**303,684,723**	**307,116,832**
製品売上原価	261,923,331	244,962,886	223,941,062	220,323,064	237,063,168	238,617,661
商品売上原価	88,388,167	79,449,501	71,825,120	66,309,947	66,621,555	68,499,171
売上原価率	**41.3%**	**41.0%**	**40.8%**	**39.0%**	**40.4%**	**40.0%**
売上総利益	**498,594,659**	**467,021,088**	**428,602,128**	**449,177,091**	**448,818,455**	**460,976,644**
販管費	**440,558,195**	**427,479,232**	**429,647,027**	**437,972,998**	**469,090,860**	**424,959,477**
役員報酬	18,000,000	18,000,000	18,000,000	18,000,000	18,000,000	18,000,000
給料手当	265,359,874	262,166,995	260,222,908	260,561,954	263,108,943	260,663,035
法定福利費	42,503,981	42,025,049	41,733,436	41,784,293	42,166,341	41,799,456
広告宣伝費	16,482,020	13,003,835	3,868,578	19,442,079	38,866,654	12,767,276
地代家賃	73,413,702	72,687,026	73,045,532	73,391,704	73,785,533	73,489,920
その他	24,798,618	19,596,328	32,776,574	24,792,968	33,163,389	18,239,791
営業利益	**58,036,464**	**39,541,856**	**(1,044,898)**	**11,204,094**	**(20,272,405)**	**36,017,166**

- 当期の数値のみならず、「前期」と「予算」も同時に必要な場合、同じように作成する必要がある
- これは「全社」数値を集計しているシートだが、「小売事業部」「卸売事業部」「管理部」の合計値として自動集計されている
- 元資料は円単位で作成すること
- 「小売事業部」「卸売事業部」「管理部」の数値は、「全社」と同じスプレッドシート内の別シートに別途集計

図2-19 全社のサマリーを集計するためのスプレッドシート構造

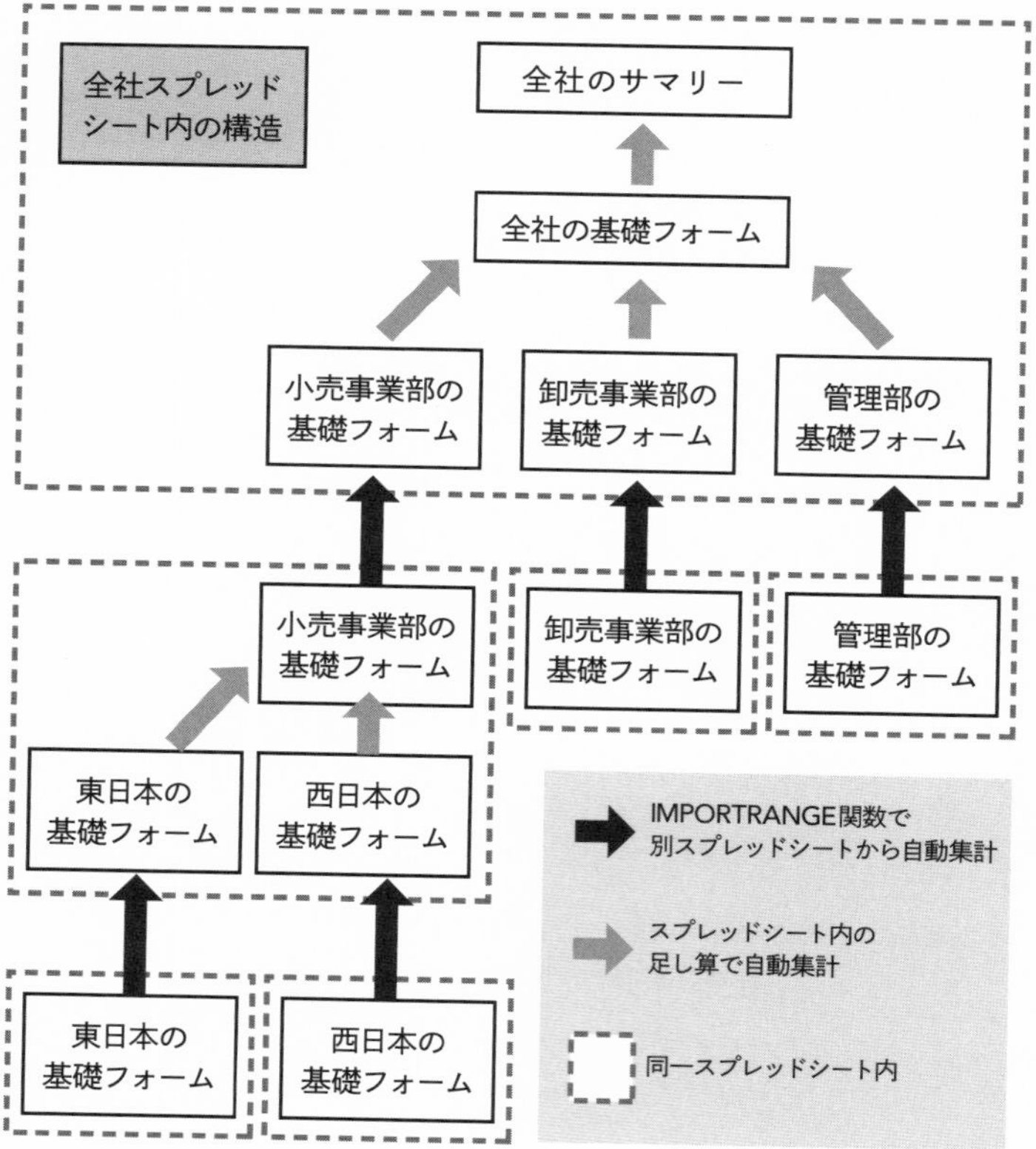

第3章

経理以外の社員が営業利益を集計できるようになるために

この章では、「秒速決算」において数値更新をする各社員が正確な数値集計をできるようにポイントを解説します。重要なのは数値集計のためのルールを作り周知することや、担当者のみに任せないチェック体制を整えることです。

また、「秒速決算」では通期全体の予測値も更新し、未来の見える化も目論みますが、この未来予測値をできるだけ実態に合った正確なものにするためのポイントも解説します。

1 売上と費用を計上するためのルール

目的を達成できるようルールを周知する

「秒速決算」では、各現場社員が数値を更新、管理しますが、各々が勝手気ままに売上や費用を計上していては正しい数値の集計ができず、成果物は無意味なものとなってしまいます。一定のルールに基づきみんなが同じように処理を行うことが重要です。

とはいえ、基本的に**そんなに難しい話ではありません**。

現場社員の方々が行う数値計上（会計処理）の留意点は、大きく次の2点しかありません。

- **いくらの金額を計上するか**
- **どのタイミングで計上するか**（今月か、あるいは来月か、あるいは……）

このうち前者（いくらで計上するか）は、支払ったり入金されたりする金額を参照すればよいので、そんなに迷うことはないでしょう。強いて挙げるなら、消費税込みで計上するか、消費税抜きで計上するかの違いがありますが、会社が採用するルール次第なので、どちらで処理すべきかは社内で確認してください（通常は税抜き）。

後者（どのタイミングで計上するか）については、少し会計学的な内容を理解する必要がありますが、主な留意点は、

❶発生主義の概念を理解する
❷売上計上のタイミングは、経理担当者に確認する
❸売上に紐づく費用（売上原価など）は、売上計上のタイミングで計上する
❹売上に紐づかない費用は、請求書などに書いてある日付を見て計上する
❺一括で費用処理できない減価償却資産の存在に注意する

という感じですので、耳慣れないのは❶の中にある「発生主義」や❺の中にある「減価償却資産」という単語くらいではないでしょうか。会計理論上、最難関は❷ですが、❶さえ押さえておいてもらえばそんなに大きなミスにはつながりにくいですし、何よりマニアッ

クな内容は経理担当者が検討してくれていますので、その方々からルールをうかがい、その通りに処理すれば問題ないでしょう。以下で❶～❺について簡単に説明します。

発生主義の概念を理解する

たとえば、4月にお客様に商品を販売し、5月に入金されたとしたら、売上は何月に認識するべきでしょうか。また、4月に社員に働いてもらった給料を5月に支払う場合、給料は何月の費用として認識するべきでしょうか。

発生主義においては、それぞれ4月に売上と費用を認識します。

現金の収支とは関係なく、売上や費用が発生したタイミングで処理するという考えが「発生主義」です。現金の収支で計上する考えを「現金主義」と言いますが、現在の会計実務では一部の個人事業主を除いて採用できません。そのため、**皆様が管理する売上や費用は発生主義をベースに考える**、とご理解ください。

売上計上のタイミングは、経理担当者に確認する

公認会計士の会計監査を受ける会社

上場会社や会社法上の大会社（資本金5億円以上、負債200億円以上の会社）は、公認会計士の会計監査を受けなければなりません。また、任意で公認会計士の会計監査を受ける会社も含まれるため、上場準備会社などもこれに該当することになります。

売上の計上タイミングは、特に現場社員の方はそれが自分たちの成績などに大きな影響をもたらすものであるため、きちんと把握していることが多く、実務上あまり迷うことはないかもしれません。

しかし細かい話をすると、売上計上のタイミングにはルールがあり、

- 公認会計士の会計監査を受ける会社は、「収益認識に関する会計基準」
- それ以外の中小企業は、「収益認識に関する会計基準」または「実現主義」

により計上する必要があります。

従来は、企業会計原則に、売上高は「実現主義」により計上しなければならない旨の記載があるのみだったのですが、売上高に関する国際的な比較可能性を確保する目的や、実現主義の曖昧さをなくす目的から、「収益認識に関する会計基準」が2021年4月1日以降開始の事業年度から適用されることになりました。

なお、「収益認識に関する会計基準」によると、売上を「いつ」「いくらで」「どのように」計上するかが具体的にルール化されているのですが、その内容は膨大かつ専門的なため、専門家以外がフォローするのは容易ではありません。

収益認識に関する会計基準

契約に基づく義務履行（財またはサービスの顧客への移転）の対価を収益として認識する方法です。(1) 顧客との契約を識別、(2) 契約における履行義務を識別、(3) 取引価格を算定、(4) 契約における各履行義務に取引価格を配分、(5) 履行義務を充足したときにまたは充足するにつれて収益を認識、という5つのステップに従って収益を認識します。

そのため、特に「収益認識に関する会計基準」を適用しなければならない会社の場合は、具体的にどのように売上計上すべきかについて、経理担当者などの専門家に確認してから処理を進めるとよいでしょう。

実現主義による場合も、「実現」の解釈が画一的ではないため、売上計上のタイミングは会社によってまちまちです。たとえば、お客様に郵送が必要な商品販売の際に、商品を倉庫から出荷するタイミングで売上計上しているかもしれませんし、お客様に商品が届くタイミングで売上計上しているかもしれません。

このような事情から、自分が関連する売上をどのタイミングで計上するかについては、改めて会社の方針を確認するようにしてください。

売上に紐づく費用（売上原価など）は、売上計上のタイミングで計上する

費用の中には、売上原価のように対応関係が売上と紐づきのものがあります。

これらは、売上計上時に「費用が発生する」ものとして費用化します。商品を仕入れた際に、「いつの発生だ?」と迷うことがあるかもしれません。4月に商品を仕入れてモノが手元にある場合、4月に仕入は完了しているわけですから、全部が4月の

実現主義

売上を含む収益を、その実現の時点で認識する考え方を言います。実現とは、「財貨の移転又は役務の提供の完了（発生）」と「対価として現金又は現金等価物の受領（受取手形の受領や売掛金の認識など）」の両方が満たされたタイミングを言います。実現主義では「発生」に加え、入金の確実性が確保されたもののみ売上計上が可能となりますが、通常は「発生」と「入金の確実性」はセットなので、発生主義と近似する内容だとご理解いただければと思います。

費用になると考えてしまうかもしれません。

しかしこの場合は、仕入の全額を費用にするわけではなく、売れ残っている分については売れた際に費用化できるよう費用処理を繰り越す必要があるのです。

たとえば、4月に80円で１００個仕入れて90個売れた場合、仕入は８０００円（80円×１００個）ですが、売上原価として費用になるのは７２００円（90個×80円）のみとなります。８００円（売れ残りの10個×80円）分については、次月以降の費用となります（売れ残り分は、棚卸資産（在庫）として資産に計上します）。

「秒速決算」では、このような売上原価の管理を省略し、売上×原価率を売上原価として計上するような簡便的な処理もお勧めしていますが（簡便的な処理でも、経営判断に支障をきたさなければ簡便的な処理を選択すべきとしているため）、もし厳密に行う場合には、このように売上との対応関係を意識して処理してもらえればと思います。

売上に紐づかない費用は、請求書などに書いてある日付を見て計上する

売上に紐づかない費用については、請求書の内容を見て計上のタイミングを判断します。たとえば、請求書には「業務委託費7月分」「広告掲載料8月分」といった感じで、

いつの分の費用かの記載があります。担当者であれば請求書を見なくても、いつの分の費用かを把握している場合もあるでしょう。

▼期間が数カ月に及ぶ内容の請求書では

請求書を見たときに「7月から9月までの分」といった感じで、複数月にまたがる内容が記載されていることがあるかもしれません。その場合は、その請求内容が、

- 成果物の納品があるものか
- 成果物の納品が特になく、単に期間が定められているだけのものか

によって処理の方法を変えます。前者の場合は、納品（ないし検収）のタイミングで一括で費用計上し、後者の場合は、期間に対応させる形で費用を按分します。たとえば、3カ月分で90万円の請求だとすれば、1カ月30万円ずつ費用処理します。

お金を支払ったタイミングは関係ありません。複数月分の業務を前払いしていようと後払いしていようと、発生のタイミングにより費用計上するという考え方に違いはなく、いつの発生かを考える際に、これらの内容を参照してもらえればと思います。

成果物の納品が特になく、単に期間が定められているだけのもの

たとえば、家賃、毎月定額のシステム利用料、通信費、弁護士や税理士との顧問契約といったものが考えられます。これらは成果物（納品されるモノ）に対して対価を支払うのではなく、契約期間にわたりサービスが提供されることに対して対価を支払います。通常は毎月支払いますが、複数月の分をまとめて支払うこともあります。

一括で費用処理できない減価償却資産の存在に注意する

事業用の建物、機械、車、備品、ソフトウェア、商標権、特許権といった資産で、購入価額が1個あたり10万円以上のものは一括で費用処理できない可能性があります。これらは長期間使用できるものとして、複数年にわたり費用処理していきます。この複数年にわたり費用処理することを「減価償却」、減価償却が必要な資産のことを「減価償却資産」と言います。いくら以上を減価償却資産とするかは、会社のポリシーによってまちまちです。10万円ではなく20万円以上を減価償却資産とする会社もありますし、30万円以上を減価償却資産とする会社もあります。まずは自社の基準を確認の上、1単位あたりその金額を上回る費用については、減価償却資産にならないかを確認しましょう。

これらは請求書の金額で費用処理してはいけません。減価償却費という形で別途計算した金額を費用処理します。減価償却費を各活動単位（事業部など）で計算するのは非効率なので、算定担当部署（経理部など）と連携して把握してください。

ちなみに、各活動単位の裁量で減価償却資産を購入することはそんなにないかもしれませんので、実務上、各社員の方々が迷うような場面は多くないかもしれません。

図3-1 各担当者へ配布する留意点チェックリストの例

	項目	留意点	チェック (✓ or N/A)
1	全体	消費税は税抜きで計上している	✓
2	全体	発生主義を理解して処理をしている	✓
3	売上高	売上の計上基準を理解して処理をしている	✓
4	売上高	新しい形態の取引が発生した場合、経理部に計上基準を確認して処理をしている	✓
5	売上原価	売上原価は売上高に紐づく分のみを計上している	✓
6	販売費及び一般管理費	売上高に紐づかない販管費は、発生月（作業実施月、役務提供月、使用月、納品月等）に計上している	✓
7	減価償却資産	10万円以上の資産(建物附属設備、機械、備品、ソフトウェア、商標権等)の購入を費用計上していないか（減価償却費を経理部に確認して計上すること）	✓

マニュアル化やチェックリスト化でミスを減らす

数値集計のミスを減らす上で、留意点のマニュアル化やチェックリスト化が有効です（図3-1）。細々した内容にしすぎると読むほうも大変なのですが、重要な論点は漏らさずに記載します。そして、それらを運用していく中で不具合があればブラッシュアップして共有し直します。特に現場社員が数値を集計する際にミスが多発する内容があれば、ミスが起こらないよう随時マニュアルやチェックリストを更新するとよいでしょう。

2 数値の更新頻度と管理者のレビュー体制

理想的な数値更新の頻度

「秒速決算」では、タイムリーに業績を把握できるように、担当する社員が各数値を見込みベースでどんどん更新していきます。

理想的な更新頻度は「日々」です。

売上が決まったり、広告費をかけることが決まったりした都度更新します。社員の方々は日々業務を行っています。その業務を行った結果、将来数値に影響を与える場合があります。それを記録していくのです。

今日獲得した月末の受注や、来月発注予定と決めた外注費、新人の採用決定など、**未来の数字は日々の活動で、どんどん更新される**はずです。

日々数値を更新するのが難しい場合は、1週間に1回程度は更新してもらいたいところです。

日報や週報を作成する感覚で、日々あるいは週ごとの活動を振り返り、数値に関する成果を更新します。各担当者はその作業の際に目標との距離を確認しつつ、未来の数値をどう改善していくべきかを考えるのです。

未来の数値を改善するためには、行動を改善させていくほかありません。**各社員が各々の目標数値を達成する意識を持ち、自らの行動を改善する努力を日頃からできるようになれば、必然的に会社全体としての利益体質が強化されていく**はずです。

責任者のレビュー体制を作る

数値管理は、担当レベルの現場社員任せにしてはいけません。営業利益を獲得する各活動単位には責任者をつけますので、その責任者が数値をレビューするべきです。また、その活動単位の上位階層がある場合、その上位階層の責任者もレビューするなどレビュー体制は階段式となり、最終的に社長が全体をレビューし把握する構図が望ましいです。

通常、責任者と現場社員は上司と部下の関係になりますが、上司が部下の数値をレビューすることにより次の効果が期待できます。

- 部下が数値改善のために自ら動き出す
- 部下へのタイムリーな行動改善のアドバイスが可能となる
- 数値更新に関するミス、漏れを防げる

▼部下が数値改善のために自ら動き出す

各現場社員は、数値を責任者（上司）に見られることにより、さらなる力を発揮します。上司に見られることによって、数値をよくしたいというインセンティブが働きます。数値レビューの体制は部下を動かすのです。

人間誰しも自分の成果を褒められたいはずです。仕事に対する成果は数値に表れますので、その数値（つまり成果）が見られているという意識がおのずと行動の変化をもたらします。

▼部下へのタイムリーな行動改善のアドバイスが可能となる

部下の成果が目標数値に対して未達である場合、部下の行動を改善できなければ上司の数値も未達になり、さらなる上司にとっても数値未達になり、ひいては会社全体の数値が未達になるかもしれません。

これを防ぐために、上司がタイムリーに部下へ行動改善のアドバイスを行えるような体制が重要です。部下が真実の数値をタイムリーに更新していれば数値未達である状況もタイムリーに把握でき、結果としてアドバイスもタイムリーにできるようになります。

数値未達の責任を部下に押しつけるのは論外ですから、上司にとっては自分の業績達成のためにも数値のレビュー体制が重要になります。

▼数値更新に関するミス、漏れを防げる

社員の中にはずさんな性格の人も紛れ、大雑把な見込数値の更新をするかもしれません。また、きちんとした人が対応したとしても、人間の作業なのでミスや漏れが生じる場合があります。

そのような場合であっても、上司がレビューを行う体制であれば、「あれ？　この前聞いていた話と更新数値が整合しないな」とか「この前報告を受けた数値が漏れていないか」ということに気づけるようになります。

重要な数値誤りに気づかないままでは経営判断のミスにつながります。たとえば、実態と全く異なる多額の見込（架空）売上が入っているような場合、行動改善をしなければならない場面であるにもかかわらず、行動改善は不要という誤った判断をもたらしてしまうかもしれません。

数値の真実性や正確性が損なわれている状況では、数値管理の目的は達成できません。ミス、漏れ、過大報告（叱責されないようその場しのぎの取り繕い）といった数値集計を誤らせる要因はいくつかありますが、これを防止するためにも、責任者（上司）によるレビュー体制は重要なのです。

もちろん責任者がレビューしたところでミスや漏れが防げない可能性もありますが、最終的には経営者が判断を誤るような大きなミスや漏れがなければよいので、そのレベルの重大な数値誤りは、より上位階層の責任者のレビューによってアンテナに引っかかることになるでしょう。

「部下が更新する数値は間違えているかもしれない」

責任者の方は、自分の活動単位の数値（営業利益）に責任を持ちますので、この感覚を持って数値レビューに臨むとよいでしょう。

3 「秒速決算」と月次決算は補完の関係

「秒速決算」と月次決算の関係

経営者は、営業利益以外の項目についても検討する必要があり（49ページ）、そのためには月次の貸借対照表と損益計算書を毎月確認すべきです。つまり、**「秒速決算」を導入した場合でも、従来の月次決算を省略してはいけません**。

社外役員や銀行といった社外の関係者へ会社の状況を報告する際にも、月次の貸借対照表と損益計算書を提出するほうが円滑なコミュニケーションとして望ましいです。

なお、「秒速決算」における営業利益は、月次決算のついでに算定されるものではありませんし、逆に、月次決算における貸借対照表や損益計算書が「秒速決算」のついでに作られるものでもありません。「秒速決算」と月次決算では、その管理や数値集計に使うシステムが異なりますし、それぞれ別個に扱うものです。**両者に直接的な関係はありません。**

しかし、**両者は同じ会社の数値を扱うものですので、補完関係**にあります。

時系列的には「秒速決算」による営業利益の把握が先行し、次いでその1カ月以内程度に月次決算が締まります。前者は主として各現場社員による集計であり、後者は経理社員による集計です。システムも違えば集計のタイミングも違い、担当者も異なります。この違いが補完関係を生みます。**月次決算のミスや漏れを「秒速決算」が予防し、「秒速決算」のミスや漏れを月次決算により発見できる**ようになるのです。

「秒速決算」と月次決算で2回数値集計するのは単なる二度手間と感じるかもしれませんが、「秒速決算」を行うからこそ経営者や管理者がよりタイムリーに営業利益を把握できるようになり、また現場社員の数値管理能力を高めることが期待できるのです。その上、**月次決算ひいては年次決算における数値の正確性を向上させる**効果も期待できます。

また、この関係が**経理社員を楽にさせると同時にその地位向上に導きます。**

経理社員は現場社員から頼られる存在になる

経理社員は会計のプロですが、現場から情報が上がってこなければ正確な会計処理が

この違いが補完関係を生みます

補完関係とするために、両者の答え合わせを行いましょう。月次決算が終わったら、経理で集計した部門別の数値と、それに対応する「秒速決算」上の数値を照らし合わせて、両者の調整を図ってください。ちなみに「秒速決算」を運用する上で、この作業が当初は一番の手間となりますが、根気よく続けると現場社員と経理社員の感覚が近くなっていき、両者のズレは段々なくなっていきます。

できません。ですから、多くの会社で経理社員が現場社員に対して請求書や領収書、経費精算などの書類提出期限を設けたり、未提出者に対して口うるさく対応を求めるのです。

経理社員が口うるさい状況を続けなければならない関係下では、現場社員からすれば経理社員の存在が煙たいですし、経理社員からすれば現場社員に軽んじられているような気がして不快でなりません。両者の関係は良好なものになりえません。

しかし「秒速決算」を行っていれば、現場社員は数値を更新するための各根拠資料を積極的にそろえておかなければなりませんし、何より数値集計の重要性を理解するので、経理社員に協力的になることが期待できます。

経理社員は「秒速決算」により仕事が楽になるのです。そして仮に現場から資料が出てこない場合であっても、「秒速決算」上で数値が更新されていれば数値漏れに気づけるようになり、月次決算上の数値誤りを回避できるようになります。

たとえば、現場社員から提出されてきたある費用科目の請求書の合計が80だった場合、月次決算における会計処理は80しかできませんが、同時に「秒速決算」上の同科目の数値が100となっていたら、経理社員は20の請求書の提出が漏れている可能性があると気づき、現場社員とのコミュニケーションによって、その20の計上漏れを防ぐことができます。

「秒速決算」の存在により、口うるさく言わなくても月次決算のミスや漏れを防止できるようになるのです。

また、現場社員は数値集計（会計）のプロでないため、数値集計自体にミスが生じる可能性もあります。それを経理社員がフォローする関係を作りましょう。

「秒速決算」と月次決算で同じ営業利益までを扱うのに、集計された数値が大きく異なっていたら、どちらかが誤っている可能性があります。「秒速決算」側が間違えている場合、経理社員はその誤りの要因を考え、同じような誤りが起こらないように現場社員や責任者にアドバイスをする、ないし必要に応じて手を貸してあげるとよいでしょう。

現場社員の数値集計能力が向上すれば経理社員はますます楽になりますし、会社にとっても数値の取り扱い能力が高い社員が増えるのは望ましいはずです。

現場社員が処理の仕方に困ったときには経理社員に相談するかもしれません。そのときは積極的に相談に応じましょう。

経理社員は会計のプロなのですから、多くの社員が数値を取り扱うようになれば必然的に多くの社員から頼られる存在になっていくのです。

4 「秒速決算」を突き詰めると未来数値も見える化できるようになる

予測値を更新する

「秒速決算」では、締日（月末）を待たずに見込みベースで数値を更新していきます（58ページ）。今月分に限らず、来月以降の数値も含め、予測可能な未来数値をどんどん更新していきます。

予算を作成するときなどに最初に年間予測を立てますが、当初の目論見通りに事が運ぶケースは少なく、月日の経過とともに予測は修正されるのが通例だと思います。

そのような場合は、予測値（予算ではありません）をどんどん新しいものに修正しましょう。当初の予算数値と予測値は全く同じ値になるはずですが、**月日が経過すると、予算数値（当初から変わらない）と予測値（月日の経過とともに変わる）は段々離れていきます。**

予算を達成させるためには、そのギャップを埋めるための行動変更が必要となります。

予測値の更新方法

未来のことは誰にもわからない以上、直近の確定的なもの以外は仮説に基づいて更新するしかありません。予算を作成している会社には予算作成のロジックがあるわけですから、そのロジックを参考に更新するのが第一歩です。

予算の作成については次の第4章に委ねますが、たとえばごく簡便的な例として、

- 売上予算（つまり当初の売上予測）は前年同月の110％としている
- 当期は2カ月しか経っていないが、前年同期と同額程度しか売上を獲得できていない
- 今後の見込みとしても、前年同期と同額くらいしか売上を獲得できなさそうである

ということであれば、売上高の予測値を前年同月の110％ではなく、100％として更新します。それに合わせて売上原価も変更し、売上高を110％にするためにかけようとしていたコスト予測（追加の広告費など）をカットします。

営業利益の予測値が更新されたところで、それが対予算で下方修正となる場合は、その差を埋めるために新たに何をすべきかを考え、行動を見直します。行動見直しにより売上が増えそうなら、新たにまた予測値を変更します。これらの繰り返しにより、年度末に至るまで予測値を更新し続けるのです。

当然ながら予測値は遠い未来であるほど精度が低く、近い未来であるほど精度が高くなります。しかし、予測更新を繰り返していくうちに、遠い未来であってもその精度が高まっていきます。なぜなら、仮説と検証を繰り返すことで仮説の精度が向上するからです。予測値を計上したときの仮説と実際の数値（検証）にギャップがある場合は、必ずその要因があります。そのギャップ要因を探究し向き合うことで、少なくとも過去の誤った仮説は採用されなくなるわけですから両者の距離は段々と近づくはずです。

もちろん天変地異のような不測の事態は想定していませんが、予測値の算定がよりロジカルで実態に近いものになれば、それにより導き出される未来数値はより確からしいものになります。結果として未来数値も正確なものに近づいていくのです。

予測値の精度を高め、未来を見える化することの経営上のメリット

各社員が集計する予測値の精度を高めるには仮説と検証の繰り返しが必要であり、時間がかかるかもしれません。しかし、**「秒速決算」の真の狙いであり、皆様に追求してもらいたいのは、過去や近未来（今月や翌月）の見える化のみではなく、通期全体を通した未来の見える化**なのです。

それは**通期予算（目標）達成の可能性を高めるためと、翌期以降の投資判断のため**です。

一般的に、予算を作っている会社では、予算と実績の比較をして行動の見直しを図りますが、予算と実績の比較では、あくまで経過した過去月までの分しかその差を把握できません。しかし、**より重視すべきは通期全体を通して予算を達成できるか否か**であり、過去月までの予算と実績の比較のみでは十分とは言えません。期中において**通期予算を達成できるかを把握するには、通期予測と通期予算の比較が必須**です。

通期予測と通期予算の比較により、不足があればそれを補うための活動修正に「早め」に手を打てるようになりますので、予算達成の可能性を高めることができるでしょう。

一方で、予算達成の見込みが高いとわかれば、来期以降の利益増加に向けた投資に早い段階から目を向けられるようになります。節税対策もできるようになるかもしれません。

経営者は会社の存続のために、当期のみでなく、来期もそれ以降も利益を獲得し続ける必要があります。言うなれば将来の利益をできるだけ増やすことが経営者の重要なミッションであり、そのための経営判断を「今」行う必要があります。その「今」は早いタイミングであるに越したことはありません。

未来数値も見える化できれば、確実にその「今」を早めることに役立ちます。

予測値の継続的な見直しは管理者も成長させる

多くの会社では、「経過した期間」の「目標売上」や「目標粗利」の達成進捗率を追いかける体制はあるかもしれません。しかし、未来を含む「通期ベース」での「目標営業利益」の達成進捗率をタイムリーに追いかけているケースは少ないのではないでしょうか。

そもそも営業利益を追うのは難しいのです。なぜなら、営業利益は売上と費用の差額だからです。費用（人材投資や広告投資など）を追加でかけたからといって売上が上がるかわかりませんし、いたずらに費用を削減したら売上も同時に下がってしまうかもしれません。売上が上がったと喜んでいても、それ以上に費用をかけてしまっている状態であれば営業利益はマイナスとなり、よい成果とは言えません。

このように、営業利益は売上と費用のバランスでコントロールしますが、限られた費用予算（経営資源）の中で実際にどれくらいの費用をかけてどの売上を伸ばしていくか、あるいは、売上に影響を与えない費用を見極めどれくらいカットするか、などを判断するには**活動全体を見渡せる視野が必要**となります。言い換えると、それは**経営管理能力にほかなりません**。

各活動単位で営業利益の予測値を更新させ、その精度を高めるということは、各活動単位の管理者（責任者）に売上と費用のバランス感覚を訓練するのと同義ですので、**各管理者の経営管理能力を向上させることにつながります**。

少なくともそれらの活動単位における管理者は、何をどうすれば営業利益が増えていくかのバランスをよく理解できるようになるはずです。人が辞めて採用活動をすればコストが追加でかかりますし、メンバーの人心掌握もしていかなければ売上は伸びませんので、人材管理も上手にならなければなりません。

経営管理能力の高い管理者が増えれば経営者の負担が減るはずですし、経営管理能力の高まった管理者と経営者とのシナジーで、さらなる利益体質の強化が期待できます。

なお、各管理者が予測値をタイムリーに更新する体制は、当初は管理者の負担増加につながりますので、導入の際に苦労が伴うかもしれません。**導入の際は経営者の強いフォローが必要**です。しかし、苦労を乗り越えられれば管理者にとっても目標達成の可能性が高まるなどの大きなメリットがありますので、ぜひトライしていただきたい内容です。

5 未来の予測値を経営に役立てるときに必ず注意すること

過去から連続していない予測値には無理がある

未来の予測値を把握する場合、今見通せる範囲でできるだけロジカルで正確な予測値であることが望ましいです。単なる願望や実現困難な目標値を予測値とすると慢心につながるだけですので、むしろ害になってしまいます。リアリティの薄い予測値ならむしろ見える化しないほうがよいでしょう。ロジカルかどうかは、経営者や管理者が現場社員と協議して「なるほどな」と思えるかどうかです。一般論として、過去から連続していない見込値については、ロジカルでない部分が含まれていることが多いです。

たとえば、毎月10ずつ売上が成長するので、1カ月後は110、2カ月後は120、3カ月後は130となると当初見込んでいた中、実績として1カ月後に101にしかならなかった場合、当然、2カ月後に120になる可能性は低いかもしれないと考えるべきでしょう。また、ある月に広告費をかけるので、その月から売上が飛躍的に伸びる見込みとしていた場合、その広告効果についての過去実績がなければ単なる願望的な予測でしかありません。過去実績のない活動にチャレンジすることは重要ですが、それにより成果が挙がるかは不透明なので、予測値に含めないほうがよいかもしれません。

予測値は楽観的なものよりも保守的なもののほうが経営的には望ましいです。なぜなら、**経営者や管理者は、危機感を感じながら数値改善のためにどうするべきかを考え続けるほうが健全**だからです。保守的な予測値によって行動改善をしたからといって、単に利益が増えるだけの話ですから何ら問題はないはずです。

保守的な予測値とする観点からは、そもそも過去と連続しない成果（売上）を予測値に含めない（あるいは少なく見積もる）、そして連続性がなくなったと判明した時点で予測値を修正する、といった対応が望ましいでしょう。

業績達成への過度のプレッシャーは予測値を歪める

予測値の更新は各現場社員や責任者が行いますので、それら担当者の心理的な事情が予測値の精度に影響を与えます。

仮に目標未達が許されないという環境下では、予測値を下方修正しなければならない場面であっても、心理的プレッシャーから予測値の修正を行えなくなるかもしれません。むしろ逆に、明るい見通しが予測値として集計されてしまっているかもしれません。

しつこいようですが、実態と大きく乖離しているような予測値は害になります。仮にそれを信じてかじ取りをミスしたら、最終的に痛手を負うのは経営者自身です。

もし、きちんとした経営かじ取りのために予測値を把握したいのであれば、経営者は現場社員のシビアな声に耳を傾けるべきです。仮に下方修正になるとしても、正確な状況がわかるように真実の情報を提供し続けてもらうことが大事です。むしろ下方修正なんて言い出しにくいことを、きちんと報告できる勇気ある社員を褒める体制がちょうどよいくらいです。

もちろん、現場社員の単なる怠慢による下方修正であれば突き返しても構いませんし、経営者を含む上司の経験から下方修正しないでも済むような改善策が出せるかもしれません。大事なのは、社員がやるべきことをやっているのに、それ以上の精神論的な話で上司が部下をまくしたてないことです。売れないものは売れませんし、苦境の打破は、上司、最終的には経営者のみができることです。ぜひ、真実と向き合ってください。

第4章

業績のベンチマーク「予算」の作り方

この章では、各活動単位で予算を作成し、達成していく上で必要なポイントを記載します。どちらかと言うと各活動単位の管理者向けの内容ですが、社員教育をする経営者が、社員に予算のことをどのように伝えるかのヒントにもしてもらえればと思います。

なぜ予算が必要なのか、なぜ予算は達成しなければならないのかという心構えから、具体的な予算の作成方法を記載するとともに、「秒速決算」が予算達成の確度を高める上でどのように機能するのかも見ていきます。

1 予算は決定値であり、社員が目指すべき重要な拠りどころ

予算は会社存続のために達成しなければならない単年度の計画値

「予算は重要だ」とか「予算は達成しなければならない」と言われますが、なぜそう言い切れるのでしょう。

社員からすれば会社が勝手に決めた数値であって、ノルマのようなネガティブなイメージがありそうな「予算」ですが、まずは予算の重要性について見ていきたいと思います。

一般的に、**「会社にとっての予算」とは、当期に作成する来期の数値計画や、前期に作成した当期の数値計画**のことを指します。「計画」という単語も、予算と同じ意味合いで使用されることが多く、私自身も実務では同じような意味合いで使ったりします。

しかし、どちらかと言うと、**予算のほうが「単年度」の「数値」に限った範囲と狭義**であ

り、中期や長期といった期間には、予算ではなく計画という表現を用います。また、数値のみならず行動や状態などを含む定性的なものにも計画という表現を用いるでしょう。

そこで本書では、**予算は「単年度の数値」に限った会社の計画の一部である**と定義づけることにします。ちなみに単語のニュアンスから、予算が重要というのはピンとこない場合でも、計画が重要というのはピンときたりしないでしょうか。予算は計画の一部である以上、その重要性は計画の重要性と紐づくと考えてよいでしょう。

▼計画の重要性を改めて考える

計画とは一般的に、「目標」を達成するための現在の決定のことを言います。目標があるから計画を立てるわけであり、目標自体が重要でなければ計画も重要でなく、目標自体が重要であれば計画も重要なもの、ということになります。

当たり前ですが会社の目標が重要でないはずがありません。**何のために目標を立てるかと言えば、突き詰めれば「会社の存続のため」**です。

たとえば、ナンバーワンやオンリーワンを目指すのは、社長が目立ちたいからではなく、社会にとって意義があり、競合他社に負けない規模感や質感を備えるため、つまりは「競合に勝ち抜き、生き残るため」です。

目標

目標と計画はしばしば混同して使われることがありますが、目標のほうが先に設定されるものであり、計画はその目標を達するための現在からのステップとして設定されます。目標は抽象的な内容で表現されたりもしますが、計画は具体的な数値や行動で示すことになります。たとえば、5年後に業界No1、3年後に黒字化といった目標がまず設定され、計画はそれに向けた現在から未来への具体的な数値や行動を設定したもの、という関係になります。

ドラッカー教授の著書の一節に、「**企業にとっての第一の責任は、存続することである**」とあるように、経営者はその責務をきちんと理解した上で目標を設定しているのです。目標は経営者が「会社の存続のため」に意図して設定したものである以上、**計画は必ず達成しなければならない重要なもの**であると理解するべきです。

予算も計画の一部なわけですから、当然達成しなければならない重要なものということです。**社員が一丸となって今年の予算を達成することが、会社が将来もずっと続くための原動力になる**のです。ですから予算は重要であり、達成しなければならないのです。

▼「予算」という言葉を使用する意図

ところで、「予算」「計画」「目標」と、短期の数値計画という意味では一般的に同じような意味で使われるこれらの単語の中で、本書では主として「予算」という表現を用います。それは、「秒速決算」で集計される実績値（ないし実績を踏まえた予測値）と対比する上では、予算という表現が一番なじむためです（予実管理、予算実績差異分析など）。

私自身この領域の専門学者ではありませんし、ことさら単語の定義にこだわりがあるわけではありません（むしろニュアンスさえ伝わればどうでもよいくらいです）。色々な表現が用いられる中であえて「予算」という単語が多くなるのは、そのような理由からとい

ドラッカー教授
ピーター・ファーディナンド・ドラッカー氏（1909年11月19日～2005年11月11日）は、「現代経営学」あるいは「マネジメント」の父と言われる偉大な経営学者です。本文中の引用文はドラッカー教授の著書『現代の経営』からの抜粋です。

う点をご理解いただければと思います。

予算の存在自体が会社の予算達成を楽にする

予算とは、スタート地点で教えてもらうゴールであり、そしてそのゴールへの道しるべのようなものです。

たとえば、オリエンテーリングか何かで、制限時間内にけもの道を進んでゴールにたどり着かなければならない場合を想像してみてください。予算がある状態というのは、まさに、スタート時点でGPS対応のスマホが渡され、ゴール地点と現在地がスマホ上で点滅しているような状態です。途中で通過するべきポイントも示されています。

実際に道を歩いたら木が倒れていてコースをふさいでいるかもしれませんし、坂道がとても急かもしれません。雨が降ってきて道がグチャグチャになってしまうかもしれません。しかし時間内にゴールしなければならない状況下、何とかして進まなければならないことは変わりません。そんなときに、ゴールやそこに至る道しるべを示したもの（GPS対応のスマホ）があったらどれだけ楽でしょうか。

向かうべきゴールの場所や途中の道しるべをスタート地点からわかっているほうが、効率的にゴールにたどり着けるのは言うまでもありません。

予算は会社にとって単年度ごとのゴールであり、そのゴールへの道しるべそのものです。

一般的に予算とは、1年間の利益計画を具体化したものです。そして予算には同時に、四半期や月次などにブレークダウンした細予算がセットになります。細予算は、年度予算を達成するための道しるべです。ゴールはいきなり達成できませんので、順を追ってゴールに向かっていくことが現実的です（細予算は達成できなくても、最終的に年度予算を達成すればよいのでゴールではなく道しるべという扱いです）。

このように予算はゴールを示すとともに、その達成の道しるべとして機能しますので、予算の存在自体が予算達成のために役に立つのです。

▼「自分の会社には目標も予算も存在しない」という場合は

実際のところ、**目標がない会社は存在しない**と思われます。会社にとって目標とは社会における会社の役割を示すものであり、そして存続のための必要条件だからです。

たとえば、拡大志向のない社長が1人でやっている会社であったとしても、利益を稼がなければ潰れてしまいますし、何の事業で稼ぐかを決めないと利益を獲得できません。つまりは「黒字にする」という目標があり、そのためには「〇〇の事業でお客様を増やす」

細予算

「細予算」という用語は一般的なものではありません。一般的に予算は年間予算を指すことから、本書では、それより細かい単位である四半期や月次の予算を総称して「細予算」と定義づけしてみました。なお、四半期や月次の予算はそれぞれ四半期予算、月次予算と呼ばれることが多いでしょう。

ないし「お客様を維持する」という目標が必ずあるはずです。

そして**目標がある以上は予算も必ず作れる**のです。たとえば、赤字にならない利益ゼロ円状態が目標であれば、年度の予算も同様に利益をゼロ円に設定するということです。

年度の利益予算さえできれば、最悪、細かい売上や費用の予算や、月次などの細予算がなくてもよしとしましょう。少なくとも来期向かうべきゴール（利益額）は示されるわけですから、道に迷うことはあっても行き着くべき先を見失うことはなくなります。

細かい予算を作るのが無意味で面倒だと考える方でも、**年度の目標利益だけでも掲げてみてはいかがでしょうか**。経営者自身や社員が向かうべき指標として多少なりとも機能するはずです。なお、目標値を「利益」としているのは、会社の存続のために利益が重要だからと考えるからに過ぎません。もし投資フェーズのため赤字計画としているような場合は、利益を目標値に設定しても意味がないので、その際は売上高などのほかの指標を用いるとよいでしょう。

期中に実績を測定するのは行動改善のサイクルを回すため

期中で実績を測定するのは、言うなれば予算を達成するためです。

実績を測定することで、はじめてその時点での予算との距離も測定できます。距離を測定できるようになると、その差を埋めるチャンスが生まれます。

予算は達成しなければならない重要なものですが、そのためには予算と実績の差を埋めるための行動改善を図り続けるしかありません。

このままでよいかどうかを見極め、このままでよくない場合には行動を改善させ結果を変化させるのです。行動改善を行い、それでも予算達成に不十分であれば、さらに行動改善するというプロセスをただひたすら繰り返すのです。

▼実績はスピーディに測定すべし

行動を改善させないと予算と実績の距離は埋まりません。その**行動改善を検討できるようになるタイミングは、実績を測定し予算との距離をつかんだ時**です。

行動改善のタイミングが遅れると、予算との距離を縮める猶予期間が短くなるわけですから、その分予算達成が困難になります。そのため、**実績はスピーディに測定することがとても重要**です。

実績を測定するタイミングが遅すぎて、気づいたときには行動改善が手遅れで予算達成ができない状況だった、などということは残念ですし許されません。

前述の通り、予算は達成しなければならないものです。経営者はその確度を高めるために、**実績をスピーディに測定するための体制を整えましょう。**

▼予算なき期中の実績測定作業は空虚

期中における実績測定が予算達成のために行うものである以上、実績測定は予算があってはじめて意義が生じます。

仮に予算がない状態で、単に期中の実績値のみを測定する場合は、もちろん現在値を知ることはできますが、その後どこに向かうべきかがわかりません。実績値を測定したところで、それがよい実績だったのか悪い実績だったのかを評価する指標がなければ、それは無味乾燥な作業になってしまいます。

予算がなかったり、予算に重きを置いていない会社の多くは実績値の把握が遅いですが、それはそもそも実績集計の作業が空虚なものだからです。

どの会社も税務申告が義務である以上、実績値を集計しなければなりません。実績値の把握が対税務署のみならず経営においてもプラスになるように、年間の営業利益だけでもよいので予算（目標）を持つようにしましょう。

「秒速決算」は予算の達成を後押しする

これまで説明してきた通り、「秒速決算」を導入すれば現時点までの実績値をタイムリーに把握できるようになります。そのため、予算との距離も適時把握して、行動改善を図ることができるようになります。加えてこれを応用すると、未経過月を含めた通期の着地見込みまでを把握できるようになります。

予算は通期を通じて達成できるかどうかが重要ですが、通常は期中においてはその時点までの進捗しかわかりません。**最新の予測ベースで通期の着地見込みを把握の上、通期予算との距離を把握できるほうが通期予算を達成する上で有意義**なのは言うまでもありませんが（図4-1）、現状ほとんどの会社では、タイムリーに実績把握する仕組みを持つことで手いっぱいです。ここに「秒速決算」を導入する意義があるのです。

事実、「秒速決算」を導入している会社（ないし同様の考え方で予算管理をしている会社）では、見込値を把握の上、通期予算の達成に向けた行動改善をタイムリーに行うプロセスが経営者のみならず現場社員にまで備わり、その結果として通期予算達成の確度が飛躍的に高まっています。

図4-1　通期の着地予測を把握する場合としない場合の違い（現在は9月ないし10月）

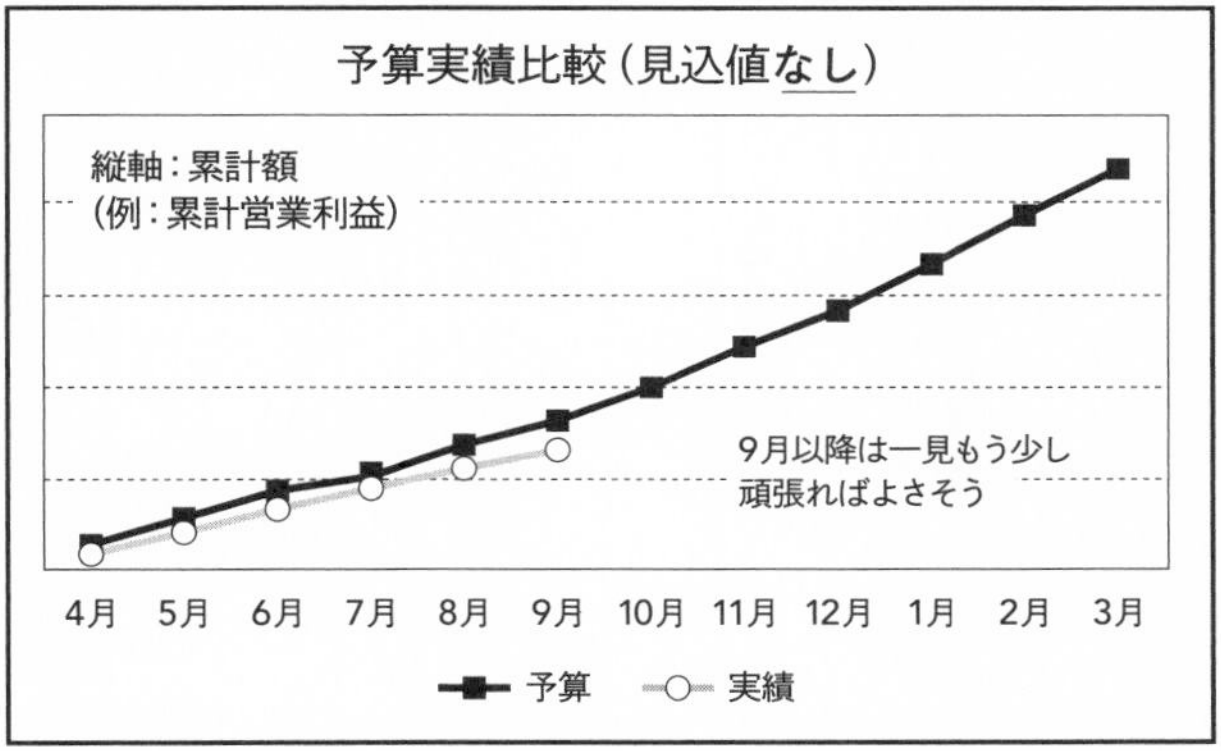

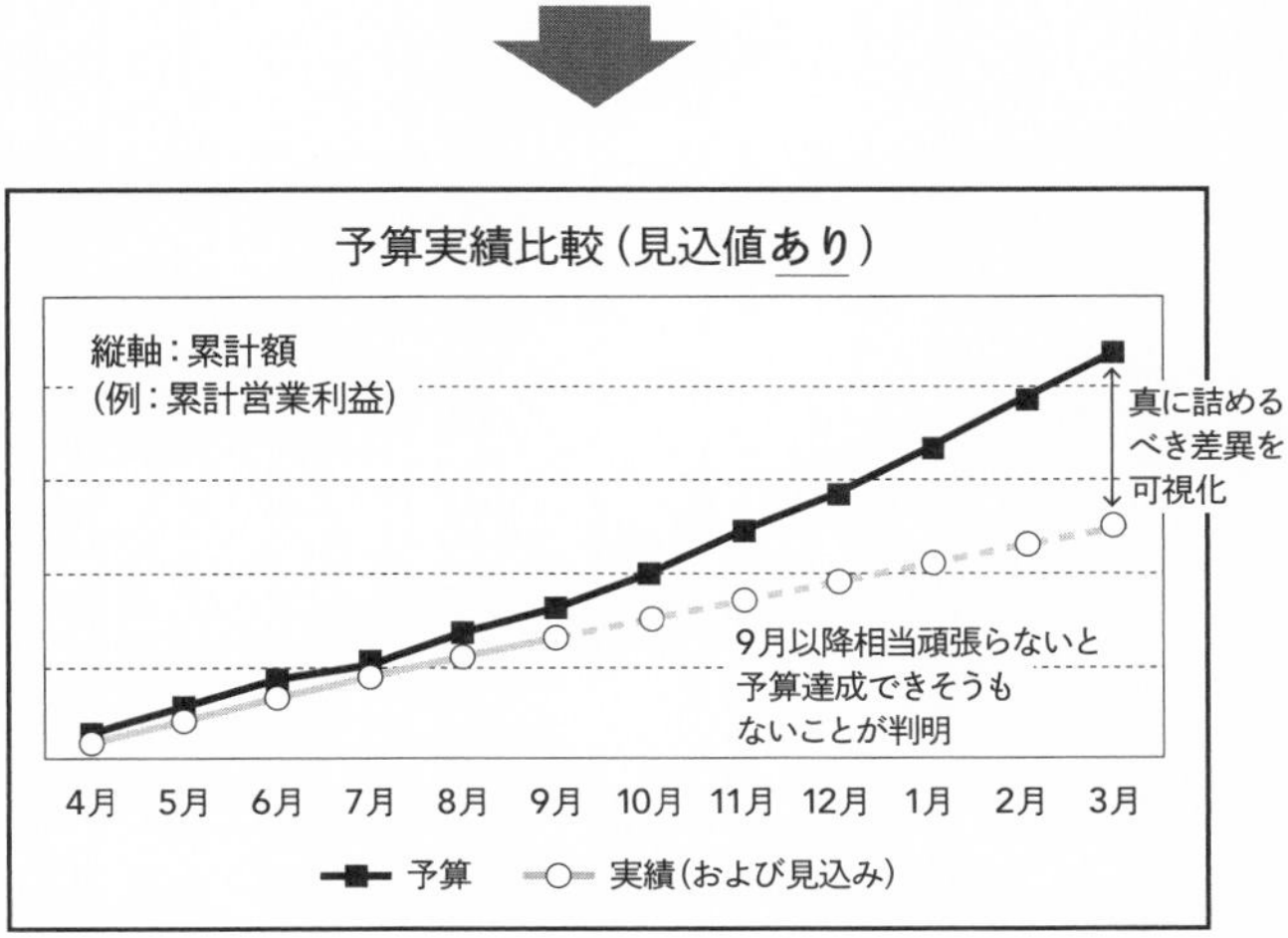

予算は年度始まりまでに社員への共有まで終わらせる

予算は全社員が達成するべき単年度のゴールであり、月次などに分解した細予算は、そのゴールへの道しるべ（いつまでにいくらの数値を達成するといった目安）になります。ゴールをより確実にするためには、よいスタートを切ることが重要であり、**よいスタートを切るためには、年度始まりまでに予算を全社員に共有することが必須**です。予算を達成していく上で、計画を行動レベルまで落とし込む（どんなことを行うべきかを考える）準備時間を考慮すると、年度始まりよりもさらに早いタイミングで共有できればなおよいです。

ちなみに、実務では多くの社員を巻き込みながら予算が作られる場合が多いので、その共有のための時間は不要であり、予算が完成したタイミングにおいて、すでに各社員は自分が関連する箇所について、行動レベルまで計画を落とし込めているのが実情かもしれません。

2 予算はトップダウンで年間営業利益の割り振りからスタートする

予算と「秒速決算」のシナジーを働かせる

私の経験上、予算の作り方は会社によってまちまちです。予算の作り方を紹介している本でもそれぞれ言っていることが違いますし、おそらく唯一の正解などないのでしょう。そんな中で、あえて本書でも予算の作り方を提案してみたいと思います。

「秒速決算」は、実績値および予測値をタイムリーに更新して経営管理に役立てるものですが、そのベンチマークとしての予算との対比によってさらに機能します。つまり**予算は、「秒速決算」により把握する実績値や予測値と比較できる形で作成すると有意義になります。**

予算の作り方の前に、まず「秒速決算」の導入手順を復習しましょう（61ページ）。

- **手順1** 全社の営業利益を測定可能な活動単位に細分化し、責任者をつける
- **手順2** 責任者が営業利益の構成要素（勘定科目）を把握し、担当者をつける
- **手順3** 必要に応じて**手順2**の各構成要素をさらに細分化し、担当者をつける

職能別組織の場合も同様です（69ページ）。基本的にこれと同じ手順によりアサインされた各責任者や担当者が予算も作ります。しかし予算は、単にあるがままの数値を集計すればよい実績値とは異なり、**予測や意思を伴う未来の数値であるため、誰かが基本方針や重要数値を主体的に決めなければいけません。**

トップダウンとボトムアップの選択

誰かが予算の基本方針や重要数値を決めることで、予算作成のための骨組みができます。その骨組み作り（ないし予算作成そのもの）は、大きくトップダウンによるものとボトムアップによるものの2種類があります。トップダウンの場合は、社長（トップ）が主導し、全社予算から各活動単位（事業部など）の予算へとブレークダウンする一方、ボトムアップの場合は、各活動単位の責任者や社員が主導して予算を作り、その積み上げで全

社予算が作成されます。

どちらによるものでも予算は形になりますが、一般的にトップダウンのものは現場の事情をそこまで考慮できないことから現場社員にとってハードルが高く、達成困難なものとなりがちです。一方、ボトムアップのものは達成可能性が考慮されるので、現場社員にとって比較的無理のない納得感があるものになります。

作る人の立場が違うので当然の帰結かもしれませんが、あまりにも現実とかけ離れた予算が提示されては現場社員が困ってしまいますし、あまりにも現実的すぎて達成が容易な予算では経営者としては面白味がありません。

その意味で予算は「よい塩梅」であることが重要です。「よい塩梅」にするためには、トップダウンで方針や重要数値を決めて、各現場社員が具体的な予算内容に落とし込み、その過程で両者がすり合わせていくといった方法が考えられます。

どのみちトップの意向をくんだ予算に修正される

社長から「予算を作っておいて」と頼まれたので自分が思うように作ったら、これだと売上が少ないだの、利益が足りないだの言われて結局差し戻される。

予算の作成に携わった多くの方にそのような経験があるのではないでしょうか。骨組みからボトムアップで作る予算には、必ずと言っていいほど予算折衝が伴います。もしかすると社長がトップダウンで作る予算よりは緩やかな内容に落ち着くかもしれませんが、結局は社長の意向をくんだ予算に修正されるのです。

それもそのはずです。予算は会社存続のために達成しなければならない重要なものですから、社長にとって妥協できるものではなく、社員の感覚よりも高めに設定せざるをえないのです。社員にとってできるかできないか、ではなく「やる」という一択の中で「どうやるか」を考えるのがベースとなります。

- 大企業の場合は、その業界内で不動の地位を確立させるため
- 小規模上場会社の場合は、前年同期を超える利益を獲得して株価を上げるため
- 上場準備会社の場合は、上場に必要な目標利益を達成するため
- 中小企業の場合は、借入金を返すため、会社を利益体質にして事業承継に備えるため
- スタートアップ企業は、資金が枯渇するまでに成果を挙げるため

それぞれのステージや事情に応じ、各社にとって存続をかけた、あるいは輝かしい未来

をかけた戦いがあります。それらを勝ち抜くために、会社は予算というハードルを設けてクリアしていかねばならないのです。

そのための社長のプレッシャーは、社員にはわからないかもしれません。何にせよ社員にとっては、「そんな社長の心情は理解しました。だったら最低限、達成させるべき重要数値は社長が決めればいいじゃないですか」となるのではと思います。

まさにその通り。予算は社長が社員に課すハードル、あるいは願いでもあるわけですから、社員に歩み寄ってもらうのを待つのではなく、積極的に自ら示したらよいのです。

なお、予算の隅から隅までを作るのはあまりにも細々した作業になりますから、さすがにそこは社長がやらなくてもよいかもしれません。少なくとも本書では、重要数値以外の詳細は各活動単位の責任者や担当者が考えるべき、という立場をとりたいと思います。

トップが決めるべき予算の重要数値は

社長が決めるべき重要数値はどのようなものが考えられるでしょうか。賛否両論あると思いますが、私は「秒速決算」おなじみの「営業利益」1つでよいのではと思っています。その理由は、今まで記載した内容と重複しますが次の通りです（成長フェーズでもともと赤字予定の場合は除きます）。

- 会社にとって**売上よりも利益が大事**（借入金返済の原資になる、将来の不測の損失をカバーし会社存続に貢献する、株価上昇につながる重要な指標である、などのため）
- 利益には色々な種類があるが、**営業利益こそ経営者が社員とともに共有できる、経営管理上最も意味のある利益である**
- 経常利益も当期純利益も基本的に営業利益と従属関係にあるため、**営業利益さえ追えば、それらの利益はおのずとついてくる**

というわけで、社長は、まずは全社で獲得するべき営業利益の予算額を決めてしまいましょう。決め方は、その会社の置かれている立場によっていくつかあると思います。借金の返済額からの逆算、１人あたり営業利益○円×人数、前年対比○%アップ、中期計画との整合性を考えた金額など、**会社にとって稼ぎ出さなければならない金額**をとりあえず置いてみましょう。

ちなみに、**予算に設定する来期の利益は多ければよいというわけではありません**。無理な利益増加は組織に歪をもたらすので成長しすぎない成長がよい、という会社もあるかと思います。

また、利益を獲得し続けなければ会社は存続できませんから、**さらなる将来の利益増加のために来期の利益を犠牲にする**かもしれません。

たとえば、広告投資をして会員を増やせば増やすほど将来の利益につながっていくようなビジネスモデルの場合、極論、お金をかき集めるだけかき集めて、赤字決算になろうが広告につぎ込んだって構わないわけです。赤字を継続した後に莫大な利益を稼ぎ出すようになった会社が世の中にはたくさんあるのはご存知の通りです。

ただ、そんなわかりやすいビジネスチャンスは滅多にないので、**来たるチャンスに備え、蓄えられるときに蓄える**スタンスが一般的になるはずです。中長期の成長を見据え、既存事業にも投資を行いつつ、いつか訪れるかもしれないビッグチャンスに備えた蓄え（利益確保）を別途するのです。

社長はそんなことも考えながら、まずは全社で獲得すべき営業利益の予算を設定してみてください。そして全社の営業利益を設定したら、各活動単位にその利益を按分してください。これにより予算の骨組みができます。

按分計算は、当期を含む過年度の実績を考慮するなどの方法でひとまず行ってみて、後はそれぞれの活動単位の責任者と交渉しながら、各活動単位の営業利益予算を決めてしまいましょう。

規模の大きい会社は活動単位の数が多くなるため、社長は、社長直下の活動単位（事業本部）のみの営業利益を決めて、それ以下の活動単位への按分は部下（事業本部長）に任せるのでもよいかもしれません。

おそらく売上を生み出さない活動単位（間接部門）を除き、ほとんどの活動単位で、本社費や共通費を負担しない状況では黒字予算となるのではないでしょうか。いずれにしても、まずは**社長主導で各活動単位の営業利益を固め、予算の骨組みとすることがポイント**です。

▼社長肝いり事業の予算は社長が細部まで決める

将来の利益につながる投資は当期の利益を減らしてでも行うべき旨を記載しましたが、社長の肝いりプロジェクトもまさにこのケースであり、採算度外視で進められる場合があります。それらは会社の将来をかけた重要なプロジェクトです。そのような事業は営業利益のみならず売上高や経費に至る全ての項目についての予算を、社長自らがプロジェクトリーダーとなり目を光らせる必要があります。

社長がある程度放っておいても利益を獲得できるようになったほかの事業と異なり、将来の会社の命運を担う可能性のあるそれらの事業については、中途半端な利益予算を掲げるべきではないかもしれません。それこそ投資の段階では、赤字予算とすべき可能性もあります。

利益が出なくてもよし、とする予算は社長以外では推進しにくいものです。経費の使い方や、売上を獲得するタイミングの算段は難しい上、成果が挙がらなかったときの責任は誰も取りたくないものです。しかし、**会社の命運を担うと社長が目論む以上、重要であり推進しないわけにはいきません。**

こういったものの予算は、細部も社長主導で決めるべきでしょう。

▼営業利益以外の損益予算は

当期純利益までの損益予算を作る場合、営業利益以外の項目（営業利益から当期純利益に至る各項目）の予算組みは、経理担当者に任せます。

そもそも営業利益以外の項目には、営業外収益、営業外費用、特別利益、特別損失、法人税等しかなく、各活動単位のメンバーが関与できないものばかりです。内容自体も経理担当者が主に把握するものであり、経営者もあまりタッチしない（できない）ものとなります。

3 割り振られた営業利益から売上高を逆算的に求める

売上高は逆算的に求めるもの

損益計算書の中で強烈に意識するのは、やはり売上高でしょう。損益計算書のトップラインであり、数値も一番大きいので意識せざるをえません。これが前年より大きくなると会社の規模が大きくなったと感じて誇らしいですし、小さくなると寂しいものです。

そもそも会社が色々な費用をかけるのは売上を獲得するためであり、売上こそが利益（売上と費用の差額）の最大の原資となる最重要の項目です。

このような背景から、予算を作る際も売上高を最重要の数値として扱い、売上高から予算作りをする会社もあります。

しかし私は、売上高を先に求めて営業利益を従属的に求めるよりも、営業利益を先に求

めて売上高を逆算的に求めるほうを推奨します。

それは何度も言うように、**会社が意識すべきは売上高よりも営業利益**だからです。

一見、売上高から先に求めようが営業利益から先に求めようが同じように思えるかもしれません。しかし現実的には、**売上高に比重を置いてしまうと、社員が売りやすいものから売ろうとする**力が働きます。一方、**利益に比重を置くと、利益を稼げるものから優先的に売らねばならなくなる**ので、両者の結果は異なります。

もちろん、売上高は利益を獲得するための最大原資として無視できません。最終的には獲得するべき金額を算出し、具体的な販売計画に落とし込む必要があります。

あくまでもターゲットにすべきは営業利益だからこそ、売上高は最初に決めるものではなく、まずは営業利益を決めた上で逆算的に決めるべきと言っているに過ぎないことをご理解いただければと思います。

営業利益から売上高を逆算的に求めるために費用項目を組み替える

制度会計上、損益計算書において営業利益に至るまでの費用には、大きく「売上原価」と「販売費及び一般管理費」があります。予算値として営業利益から売上高を逆算的に求

図4-2 営業利益から売上高を算定しやすいように費用の項目を組み替える

管理会計用の項目

売上高	A
変動費	B
限界利益	C = A-B
非変動費	D
営業利益	E=C-D

制度会計用の項目

売上高	A
売上原価	B
売上総利益	C = A-B
販売費及び一般管理費	D
営業利益	E=C-D

める便宜上、これらを管理会計で用いられる「変動費」と「非変動費」に組み替えます（図4-2）。

「非変動費」については「固定費」と説明されている場合が多いですが、何気なくその表現を用いると、実務で混乱している人が多いように見受けられますので、本書ではあえて「固定費」と言わずに「非変動費」という表現を用います。

▼変動費、非変動費とは

管理会計上、変動費とは売上に比例的に発生する費用を言います。一方、非変動費とは変動費以外の費用を言います。

あえて固定費という表現を使わないのは、その単語のイメージから、毎月固定的

売上に比例的に発生する費用

変動費は、厳密には、売上でなく販売数量に比例的に発生する費用を言います。売上は販売単価×販売数量として算定されますが、変動費は販売単価の変動に影響されません。たとえば、販売単価を10％下げたからといって仕入単価が自動的に10％下がるわけではないでしょう。販売単価の増減は頻繁ではないので、売上増減は販売数量に大きく依存します。その意味で変動費が売上に比例的という表現はあながち誤りではなく、特に違和感なく使われているのです。

にかかる費用が固定費で、それ以外の費用が変動費だという誤解を生みやすいからです。教科書的な話から、変動費が何となく売上に紐づきそうなものだということを理解している方も多いのですが、固定費という表現とセットになるとどうしても混同しがちです。

たとえば、よく混同されているのが広告宣伝費です。広告宣伝費は、一見売上に紐づく費用で、そして毎月固定的にかからないことから、変動費と捉える方が多いように思います。しかし、売上に比例的に発生するわけではないので、非変動費として扱うべき項目です。たとえ売上に紐づくアフィリエイト広告でも、その設定単価がバラバラだったり、またリピート売上には関係ない費用である以上、売上に比例的とは必ずしも言えません。そういったものは管理会計における分析を行う上で非変動費として扱うほうが望ましいのです（広告宣伝費を固定費と言うのは私も抵抗があります）。

では、変動費にはどのようなものがあるでしょう。

たとえば、商品の原価、自社で作る製品の材料費、ライセンス提供を受けている商品に関するロイヤリティなどがあります。いずれも、**売上×○%という形で費用を把握できるもの**と考えてもらえばわかりやすいでしょう。ちなみに、皆様にとって広告宣伝費は売上に比例的だとするほうが実態に合う場合は、変動費として扱っても問題ありません。

▼変動費と非変動費を分けるべき理由

変動費は**売上**に対する割合として把握し、**非変動費は総額でいくらという金額感**で把握します。

費用を変動費と非変動費に分けるのは、**「損益分岐点売上」**や**「目標営業利益を達成するための売上」を逆算的に算定できるようにする**ためです（図4-3）。

まず、変動費を売上に対する割合とすることで、売上とセットで考えられるようになります。これにより、**変動費の分だけ費用を考慮しなくてよくなる**のです。

たとえば、変動費が売上に対して40％かかるものだとすれば、そこから稼ぐ限界利益（売上－変動費）は売上×60％ということになります。売上１００を獲得するごとに増える利益（限界利益）は60ずつであり、この計算にあたっては変動費がいくらになるかという金額の把握は不要となるわけです。

一方で、非変動費は売上に比例的に発生するわけではないので、その総額を把握する必要があります。**非変動費は売上がゼロでも発生し、限界利益を稼ぐことにより回収していく**のですが、会社ではまず、この非変動費を回収することが最低限の目標になります。

非変動費を限界利益で完全に回収しきって営業利益がゼロになる点を損益分岐点と言い、損益分岐点に到達するための売上を損益分岐点売上と言います。

売上高と売上

本書では両者を意識的に使い分けて使用していますが（58ページの注釈参照）、この箇所についてはかえってややこしくなるため、全て「売上」と表現することにします。

図4-3 損益分岐点売上や目標営業利益を達成するための売上の算定

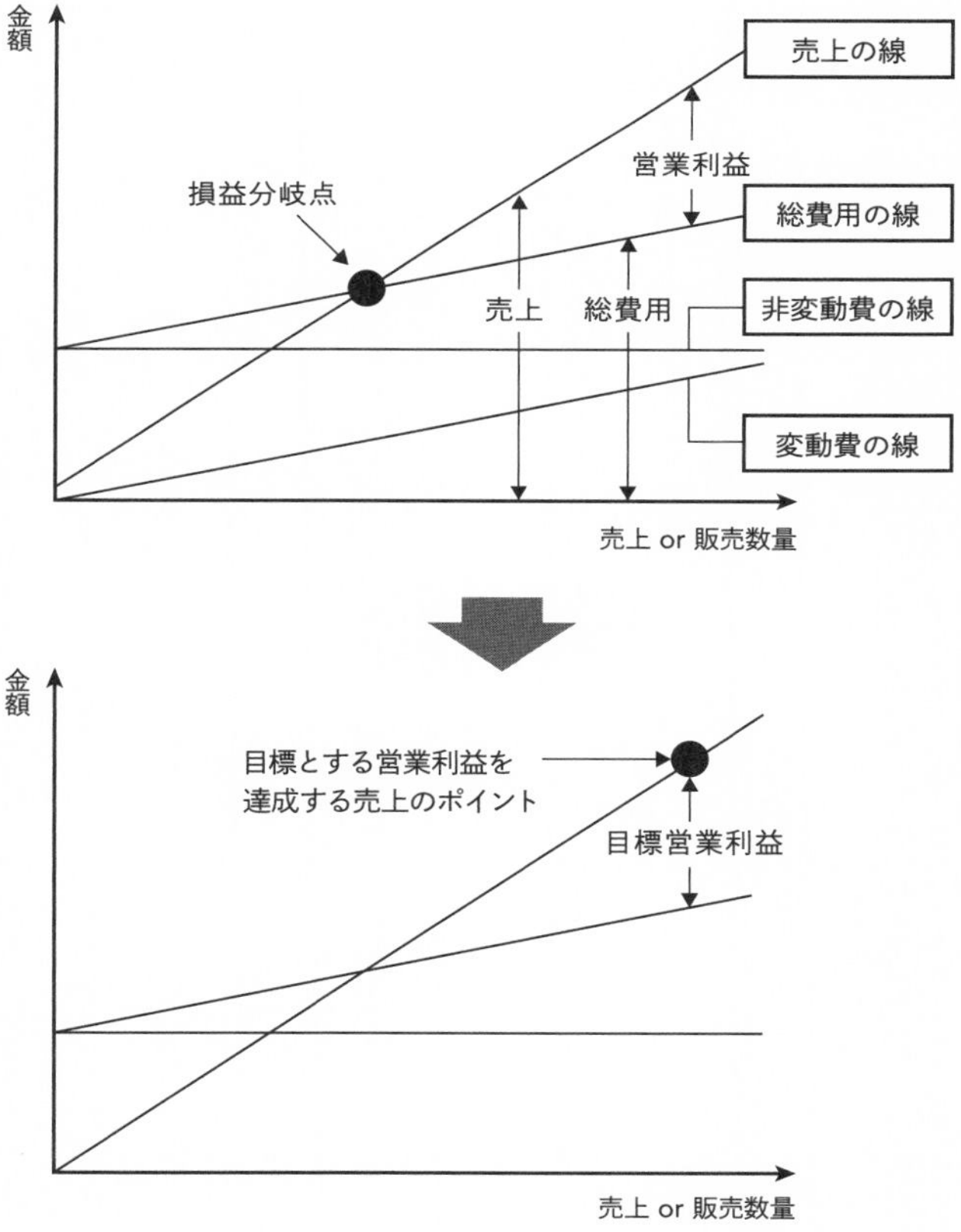

- 売上、変動費の金額は、売上or販売数量に比例的に大きくなる
- 非変動費は、売上or販売数量にかかわらず発生。ここでは説明の便宜上、金額一定としている
- 総費用は、変動費＋非変動費

例を挙げてみましょう。

非変動費が600の場合、営業利益は限界利益から非変動費を引いた額であるため（166ページの図4-2）、限界利益が600のときに営業利益がゼロ（損益分岐点）ということになります。限界利益率が60％の場合だと、その際の売上は1000（限界利益600÷60％）と逆算でき、この1000が損益分岐点売上ということになります。

売上が損益分岐点売上である1000を超えると営業利益が膨らみ、逆に1000を下回ると赤字になる状況です。

この損益分岐点売上を算定する要領で、目標とする営業利益を稼ぐための売上を逆算します。

たとえば先ほどの例で、目標とする営業利益は300だとします。損益分岐点売上である1000を超えたら非変動費の負担はなくなり、後は限界利益の分だけ営業利益が増えていきますので、損益分岐点から限界利益を300増やせば営業利益が300になります。限界利益を300増やす売上は500ですから（300÷60％）、損益分岐点売上に500を加えた1500の売上とすれば目標営業利益を達成できることになります。

これを式で書くと171ページのようになり非常にシンプルです。

私はクライアントの損益構造を、いつもこの形で捉えるようにしています。この会社の

損益分岐点売上＝非変動費÷限界利益率

目標営業利益を達成する売上＝
（目標営業利益＋非変動費）÷限界利益率

※限界利益率＝限界利益÷売上高＝（1－変動費率）
※変動費率＝変動費÷売上高
※限界利益＝売上高－変動費

非変動費は毎月いくら**くらい**で、限界利益率（1－変動費率）は何％**くらい**だから、損益分岐点売上はいくら**くらい**で、目標営業利益を達成するためにはあといくら**くらい**売上が足りないかといったことをすぐに計算できます。

もちろん即興なので厳密ではないかもしれませんが（そもそも厳密にする意義を感じていないのですが）、勘定科目ベースで変動費グループと非変動費グループにざっくり分けて、変動費はいくらくらいだから変動費率（限界利益率）はだいたい何％、残りが非変動費でいくらくらい、という感じで大枠で捉えれば分析的には十分と思います。

ここで言いたいことは、**費用を変動費と**

非変動費に分けると、売上がいくら必要なのかを逆算的に算出するのに役に立つということです。

▼非変動費も変動する

1つ注意点ですが、非変動費は毎月、毎年「固定」ではありません。変動します。用語の定義的に違和感がありますが、**変動費か非変動費かは売上に比例的に変動するかしないか**の話であって、費用そのものが変動的か非変動的かの話ではありません。

非変動費の中には継続費用（毎月継続的に発生するもの）と、一時費用（特定のタイミングで意識的に発生させるもの）が混ざっており、継続費用のみであれば毎月ほとんど不変かもしれませんが、一時費用の存在により毎月変動することになります。

継続費用には毎月発生する給料、家賃、通信費、リース料などがあり、一時費用には賞与、採用費、広告宣伝費、販売促進費などがあります。

非変動費が変動するということは、**損益分岐点売上や目標営業利益を達成するための売上も毎月、毎年変わる**ことを意味します。

▼なぜ売上原価と販売費及び一般管理費ではダメなのか

一見、売上原価は変動費、販売費及び一般管理費は非変動費である印象があります。

しかし、会計ルールの要請により、売上原価の中に非変動費（人件費、家賃、設備費など）が混ざっている場合や、販売費及び一般管理費の中に変動費（売上に比例的に発生するロイヤリティなど）が混ざっている場合があります。

そのような場合には、制度会計で用いられる売上原価や販売費及び一般管理費はそのまま使えず、変動費と非変動費として別途組み替える必要があります。

ちなみに、売上原価と販売費及び一般管理費がそのまま変動費と非変動費である場合は組み替えの手間は省略できます。

営業利益から売上高を求め予算に落とし込む

さて、各活動単位の責任者は、来年度稼ぐべき営業利益の予算のみを社長から割り振られた状態です。ここからどうやって具体的な予算に落とし込めばよいのでしょうか。

もうおわかりかもしれませんが、念のため記載してみます。

- 年度の非変動費を予測する（非変動費予算の作成）
- 変動費率を算定する
- 年度の売上予算を逆算的に算定する（売上予算の作成）

このステップで売上高から営業利益に至るまでの年度の予算ができあがります。

▼年度の非変動費を予測する（非変動費予算の作成）

非変動費は自分たちで決めるものです。つまり、予測もしやすいものです。具体的には次節に委ねますが、毎月いくらの非変動費が発生するかを予測し、その合計額を年度の非変動費の金額として捉えます。これにより非変動費予算ができあがります。

▼変動費率を算定する

変動費率（変動費÷売上高）は過去の実績から算定します。おそらく現場社員は肌感覚でわかる比率なのではないでしょうか。

変動費率が物価変動などの影響で、ある程度の幅で変動するのであれば、過去数年間の平均値を採用すればよいでしょうし、値下げ交渉などの影響で直近の数値が実態に合うよ

目標営業利益を達成する売上＝
（目標営業利益＋非変動費）÷限界利益率

※限界利益率＝限界利益÷売上高＝（1－変動費率）
※変動費率＝変動費÷売上高（過去の実績から算定）
※限界利益＝売上高－変動費

うであれば、直近月次ないし直近年次の比率を採用すればよいでしょう。

予算は保守的に見るべきなので、現場社員が肌感覚的に合う比率の中で高いものを採用しましょう。

たとえば変動費率が45％～50％くらいということであれば50％を採用してください。そうすると限界利益率（1－変動費率）が低くなり、結果として売上予算が高く算定され、予算全体が保守的となります。

▼年度の売上予算を逆算的に算定する（売上予算の作成）

復習です。算式は上記の通りでしたね。

今は営業利益予算（上記算式の目標営業利益）が社長から提示され、非変動費予算ができ、変動費率も算定されている状況です。

この算式に当てはめることで売上予算もできあがります。

売上予算ができあがれば、変動費予算（売上予算×変動費率）も自動的にできますので、これにより、売上高から営業利益に至るまでの年度予算が完成することになります。


ちなみに、売上高を逆算的に算定する便宜上「変動費」と「非変動費」に組み替えられた費用は、最終的な予算書として開示される際には、制度会計で用いられる「売上原価」と「販売費及び一般管理費」に組み替え直されるのが一般的かと思われます。

そのため、両者を簡単に行き来できるように、「売上原価」と「販売費及び一般管理費」に含まれる各勘定科目と、「変動費」と「非変動費」に含まれる各勘定科目の対応関係を整理しておきましょう（通常組み替えは勘定科目ごとに行われます）。

4 年度予算を月次ベースに按分する

月次ベースに按分することで年度予算達成に向けた道しるべとなる

各活動単位で達成するべきは年度予算です。年度予算はいきなり最終月の1カ月で達成できるわけではなく、最初の1日目、1週目、1カ月目と順を追った積み重ねの上に達成されるものです。

そのため、年度予算を達成するための道しるべになるよう、年度予算をより短い期間に按分します。

日次、週次、月次といった期間の単位がありますが、予算は未来のことであり、あまり細かく捉えすぎても意味がないので、主な売上や費用の請求単位となる（つまり金額を把握しやすい）月次で捉えるのがベストでしょう。実績も月次で把握する会社が多いと思いますので、細予算の期間が月次であることの違和感はないと思います。

月次で非変動費予算を設定する

174ページで、非変動費の年度予算は、月次予算の合計額として捉えると説明しました。年度の非変動費予算をベースに売上高から営業利益に至る年度予算が完成できますので、月次の非変動費予算を設定する作業が予算組みの第一段階になりそうです。

なお、**非変動費は社内で決められるもの**ですから、この予測は精度高くできるはずです。

まず、会社の非変動費の各項目（勘定科目）を見て、**継続費用**（毎月継続的に発生するもの）と、**一時費用**（特定のタイミングで意識的に発生させる重要なもの）と、**その他**（継続費用でもなく一時費用に含める重要性もない）に分けます（図4-4）。そして、それぞれの費用の性質によって予算の設定方法を考えます。

▼継続費用の月次予算を設定する

継続費用は、毎月（ほぼ）定額で発生する固定費であり、過去にかかっているものが基本的にそのまま未来にもかかります。

図4-4　非変動費を費用の性質ごとに分ける

勘定科目	費用の性質
給料手当	継続費用
賞与手当	一時費用
法定福利費	継続費用
旅費交通費	その他
採用教育費	一時費用
広告宣伝費	一時費用
販売促進費	一時費用
支払手数料	その他
支払報酬	継続費用
交際費	その他
地代家賃	継続費用
水道光熱費	継続費用
通信費	継続費用
減価償却費	継続費用
修繕費	一時費用
消耗品費	その他
雑費	その他

ただし、その発生を追加させたりストップさせたりとコントロールすることもできます。

たとえば、新たな人員を採用すれば継続費用は増加しますし、利用していない定額サービス（不要な電話回線など）を解約すれば、継続費用は減少します。

予算の作成上、継続費用は基本的に過去の延長として捉えることから始めます。次いで、計画が別途ある場合に増額や減額を考慮します。

過去の延長として継続的にかかる分は、過去の平均値を用いて、各月横ばいに並べます。

たとえば、直近1年間の通信費の月平均額が100だったとしたら、通信費の予算は毎月100とします。季節変動などにより金額が月ごとで「大幅に」変動するようなものがあれば、その変動を考慮することも検討しますが、あくまで年度予算を達成するための道しるべとしての月次予算なので、月ごとの「多少の」変動は気にしなくてよいでしょう。

追加となる継続費用は、費用を見積もって、その追加予定のタイミングから予算に計上します。

たとえば、月収約30万円の社員を7月1日に2名採用する計画がある場合なら、7月以降の人件費の予算に60万円を追加します。

逆に減少させる分は、現在発生している費用の実費がわかるため、減少予定のタイミング以降、当該実費を予算から減額します。

▼一時費用の月次予算を設定する

一時費用は、経営者や管理者が売上を伸ばすなどのために意識的にかける費用であり、まさに予算をもって管理するべき費用です。だいたい何月にどのような項目の費用をいくらくらいかけるかの目安を決めておきます。

たとえば、賞与は6月と12月、採用費は3月と9月、広告費は夏商材と冬商材の販売前に手厚く、といった具合のサイクルが各活動単位にあるはずです。

これらの傾向も、過去の実績を見ればつかむことができるでしょう。当期を含む3年分くらいの月次推移の実績を眺めながら、どの月にどれくらいの費用をかけてきたのかを把握し、一時費用をかけるべきタイミングと金額感をつかんでみましょう。

もちろん、来期が過年度と同じである必要はありません。過年度はあくまで目安です。**来期の目標を達成するため、そして、さらに未来の目標を達成するために必要な準備は何なのかを考えて、一時費用の予算を設定してください。**

なお、売上予算から具体的な販売計画に落とし込む際に、一時費用（たとえば広告費）

をもっとかけないと売上予算が達成困難と判明することがあるかもしれません。一時費用をもっとかけるということは、さらに売上予算を伸ばさなければならないことを意味するので話がループしそうですが、営業利益予算を達成するために必要と考えるのであれば、一度決めた一時費用の予算を変更することになっても仕方ありません。

▼その他の非変動費の月次予算を設定する

その他の非変動費は、金額的にも内容的にもあまり重要でないものです。消耗品費や支払手数料が代表例で、仮に項目の総額が大きかったとしても、中身は少額の積み重ねであったり、特に意識的にかける重要な費用でもないため、発生するタイミングや金額感の傾向がつかみにくい項目です。

そういったものは過去の月次発生額と同額程度、あるいは少し多めの金額を月次予算に計上するか、あるいは平均月額を算出の上、各月均等に計上することにより月次予算として設定すればよいでしょう。

その他の非変動費は重要でないものの集まりという建てつけですが、**予算から漏れると売上予算の算定をミスリードさせてしまいます**。やや多めの金額をざっくりベースで入れるといった感じでもよいので、漏らすことなく予算に盛り込んでください。

月次で売上予算を設定する

175ページで説明したステップにより、年度の売上予算は設定できています。これを月次ベースに按分するには、販売する商品・サービスが不変であれば、

❶年度の売上予算を毎月均等に按分
❷年度の売上予算を過年度月次実績ベースの比率で按分
❸年度の売上予算を過年度の傾向プラス来期の特別要素を勘案して按分

といった方法が考えられます。

後になるほど緻密に考えねばなりませんが、その分、計画値の信ぴょう性が高くなるでしょう。

しかし、❸を採用する会社の中で、期末に近づくほど売上が上がっていくような計画を立てている場合は注意が必要です。おそらく、期末に近いタイミングであればあるほど期首に立てた新計画が功を奏すと目論んでいる可能性があり、その場合、不確実要素が年度

の後半に偏ることになります。

結果として計画が上手くいかないと判明したときには年度の後半になっており、リカバーのしようがありません。そのため、❸を採用するにしても、できれば売上獲得が後半に偏らない予算となるよう心がけましょう。

▼販売計画がほぼ全ての成果を左右する

これまでに記載してきた単なる数字の積み上げは簡単にできると思います。売上予算を設定するところまでは誰でもできるでしょう。しかし、設定された売上を見てどう思ったでしょうか。

おそらく、社長から与えられた営業利益の予算を達成するためには、思ったより多くの売上を獲得しなければならないと感じるのではないでしょうか。売上を獲得できるかどうかはお客様が決めることですので、社内でコントロールできません。

しかし、売上を達成しないと利益は生まれません。売上こそが利益の源泉であり、これを獲得するために会社は経費をかけるのです。

その意味で、**予算を達成できるか否かは、いかに販売計画を緻密で精度の高いものに仕上げられるかにかかっている**と言っても過言ではありません。そして、**計画に不具合があ**

る場合、機動的に仮説を組み直し、行動修正できる体制がとても重要です。

いつ、誰が、どのお客様（層）に、どの商品・サービス（メニュー）を、何個売る、といった具体的な内容を盛り込むと、販売計画は緻密なものに仕上がります。

商品・サービスが複数あり、限界利益がそれぞれ違うような場合は、**管理者が限界利益を獲得しやすい戦略商品・サービスが何かを考え、それらを優先的に販売する計画にしましょう。**

たとえば、限界利益が1個1000円のA商品を1万個売る場合と、限界利益が1個5000円のB商品を2000個売る場合に獲得する利益は同額ですが、**どちらが達成しやすいかの感覚がきっとあるはずであり、その楽なほうを優先とする**のです（会社の方針として販売すべきものが定められている場合は別ですが）。

管理者が何を何個売るかのアウトラインを決めた後、具体的にどのお客様（層）にどのように売っていくべきかといった詳細は、関係するメンバーみんなで話し合って決めていきましょう。

営業利益予算を達成するための売上をどのように獲得していくか、その詳細イメージをメンバーみんなで腹落ちできるようになるまで検討できるかが予算達成の肝となるでしょう。

5 予算達成が困難と感じた場合でも

予算達成とはどのような状態か

改めて、達成するべき予算数値について復習してみましょう。よく社内で耳にする「予算達成」とは何のことでしょうか。一般的なのは、売上予算の達成成否かもしれません。売上予算を達成したら「予算達成」と言ったりしないでしょうか。

しかし何度も言うように、各活動単位で達成するべき予算は営業利益です。売上予算を達成ポイントにするのは危ういです。利益を犠牲にしてでも売上を取りにいく誘因になりかねず、そうなっては元も子もありません。

営業利益予算を達成したときに「予算達成」と言いましょう。

さて、前節まで予算の作り方を記載しました。しかし全てのケースで、本書に記載したやり方で予算が作られるわけではありませんし、どんなに緻密に計画作りをしたところで、未来のことですから予算通りに事が上手く運ぶとは限りません。

そんなことを念頭に置くと、何らかのロジックに基づいて仕上がっているものであれば、営業利益予算の構成要素となる売上や限界利益率、非変動費などの細部は重要でないのかもしれません。もちろん、営業利益を導くプロセス、ベンチマークとして設定した各項目の予算が機能するのは間違いありません。しかし、それら各項目の予算形成にどれだけ魂を込めようと、予算は予算であり、当初は絵に描いた餅です。

本当に大事なのは、予算を達成するための実行フェーズです。営業利益予算を達成するために計画を見直し、行動を変えていく機動性を持つ必要があります。その結果、売上がいったん減るかもしれませんし、非変動費が増えるかもしれません。つまり、営業利益を構成する各項目が予算通りでなくなるかもしれません。

しかしそれでもよいのです。各活動単位で目指すべき**「予算達成」とは営業利益の達成**ですので、そのプロセスとしての各項目が予算通りでなくても構わないと割り切りましょう。あれもこれも追うのではなく、追う項目を営業利益に絞り、そのターゲットを達成するために実行フェーズであの手この手を考えるのです。

営業利益の予算数値は基本的に修正できませんが、営業利益予算を構成する内訳はいつ

❶ 営業利益＝売上高－変動費－非変動費
※ 売上高＝販売単価×販売数量
※ 変動費＝１個あたり変動費×販売数量

❷ G＝P×Q－V×Q－F＝(P－V)×Q－F
(G：営業利益、P：販売単価、Q：販売数量、V：１個あたり変動費、F：非変動費)

でも修正可能です。

では、営業利益予算の達成に向けて何を変えればよいのでしょうか。

営業利益予算達成のために4つの切り口で考える

営業利益予算の達成のための施策とは、すなわち営業利益を増やすための施策にほかなりません。経営者レベルが考える施策については次の第5章に委ねますが、ここでは各活動単位の責任者レベルで考えるべき施策について見ていきたいと思います。

営業利益を増やすための施策を考えるヒントとして、まずは営業利益の構造を見てみましょう。

上の式を見てください。

図4-5　Gを増加させる4つの切り口

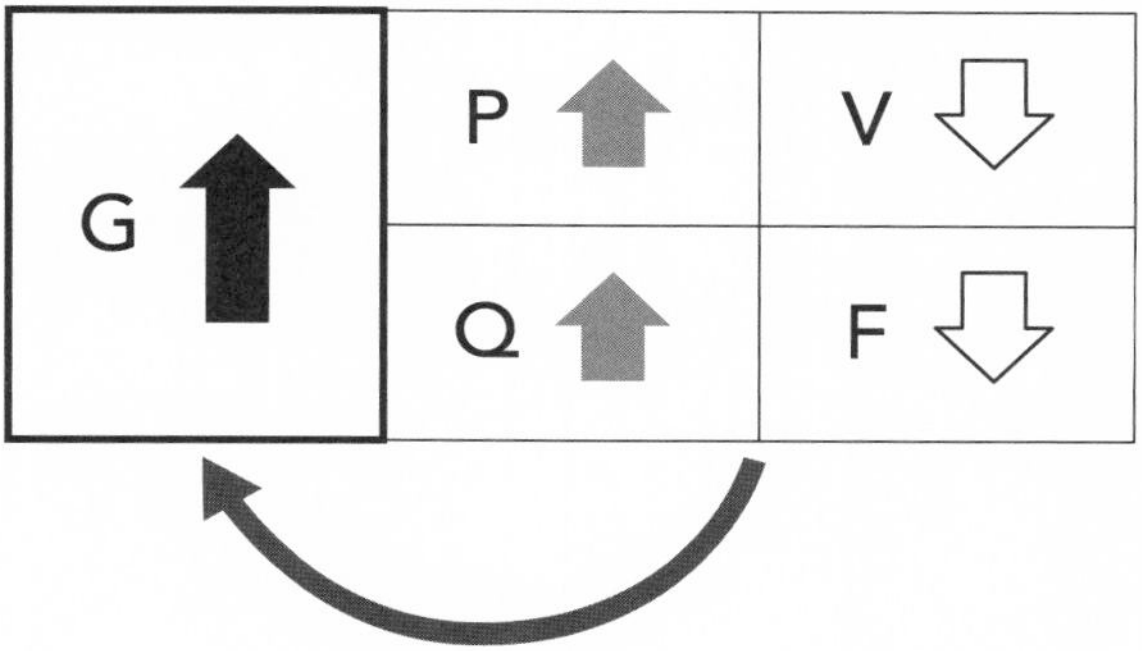

営業利益（G）は、P、V、Q、Fによって決まります。そして、この❷式から、**Gを増加させるには、Pを上げる、Vを下げる、Qを上げる、Fを下げる**という4つの切り口があることがわかります（図4-5）。

とはいえ現実はそんなに単純ではありません。

Pを上げる、Vを下げる、Qを上げる、Fを下げることがすなわちGの増加になるかというと、そうとは限らないのです。ほかの変数が一定であれば確かにGの増加につながるのですが現実の世界では、

● 販売数量（Q）を増やすためには経費（F）を追加でかける必要がある

● 販売単価（P）を上げると販売数量（Q）が減る
● 原価（V）をケチると品質が落ちて販売数量（Q）が減る

といったことが起こります。

Gが最終的に増加するかは、P、V、Q、Fを意図的に変化させた結果、ほかの変数も意図せずに同時に変化してしまう結果を受けて決まります。意図的に変化させるプラス要因と、意図せずに変化してしまうマイナス要因の関係については実際に行動してみないとわかりませんが、事前にシミュレーションを行うことで予測を立てることができます。事前のシミュレーションを行う上では、利益感度分析が有効です。

▼利益感度分析で数字を見る

ここで言う利益感度分析は、Gを○○円増やすために（予算達成のために）P、V、Q、Fを何％変化させたらよいかの分析を意味します。

まずは、どの変数を動かすとどれくらい営業利益に貢献するかを見るため、各変数それぞれで感度分析をします。次いで現実的な事情を踏まえ、複数の変数を同時に考慮した感度分析も行います。実際の数値を用いて見てみましょう。

P = 1,000　V = 500　Q = 400　F = 150,000
が現状のとき、
G = 1,000 × 400 − 500 × 400 − 150,000 = 50,000
と計算されます。

▶各変数それぞれで利益感度を見る

ここで、各指標を単独で動かしてGを60,000（20％アップ）にしたい場合は次のようになります。

❶ P：1,000　⇒　1,025（**2.5％アップ**）
　⇒　G = **1,025** × 400 − 500 × 400 − 150,000 = **60,000**
❷ V：500　⇒　475（**5％ダウン**）
　⇒　G = 1,000 × 400 − **475** × 400 − 150,000 = **60,000**
❸ Q：400　⇒　420（**5％アップ**）
　⇒　G = 1,000 × **420** − 500 × **420** − 150,000 = **60,000**
❹ F：150,000　⇒　140,000（**6.7％ダウン**）
　⇒　G = 1,000 × 400 − 500 × 400 − **140,000** = **60,000**

（G：営業利益、P：販売単価、Q：販売数量、V：1個あたり変動費、F：非変動費）

このようにすることで、それぞれ達成できることがわかります。

利益を20％増やすために、各変数を20％増減させる必要はありません。各変数の単独の感度で見ると、**一番効果があるのはPで、一番効果がないのがF**です。今回のケースではVとQの感度は同じですが、変動費率（変動費÷売上）によって、Vのほうが効果が高かったりQのほうが効果が高かったりします。

Pはほんの少し動かすだけで営業利益に大きな影響を与え、一方でよく言われる**「経費削減」つまりFの削減はそれほど営業利益に影響を与えない**のです。

▼複数の変数を動かして利益感度を見る

PをアップしたらおそらくQが落ちると予測できます。しかし、10％程度なら値上げの検討をしてみたいところです。

そのとき、目標営業利益6万円を達成するためにはQをどれくらい減らしても大丈夫でしょうか。

$G = (P - V) \times Q - F$

であることから、

$Q = (G + F) \div (P - V)$

となり、これを先ほどの例に当てはめると、

$Q = (60{,}000 + 150{,}000) \div (1{,}100 - 500) = 350$

となります。

Pを10％アップ（1,000 ⇒ 1,100）させることで、Qが400から350にダウン（12.5％ダウン）しても、目標営業利益の60,000（現状から20％アップ）を達成できることがわかります。

ほかのシミュレーションとして、Fを上げてQを増やすという戦略があるかもしれません。Fを10％増やす結果（150,000 ⇒ 165,000）、Qがどれくらい増えれば目標営業利益を達成できるでしょうか。

$Q = (G + F) \div (P - V)$

ですから、

$Q = (60{,}000 + 165{,}000) \div (1{,}000 - 500) = 450$

となります。

Fを10％増やす結果、Qを400から450にアップ（12.5％アップ）させないと、目標営業利益（現状から20％アップ）を達成できないことがわかります。

ところで、これらのように施策は色々考えられますが、どれが各活動単位にとってフィットするかはそれぞれの担当者でないと肌感覚がわからないかと思います。先ほどの2例のうちのどちらかに、担当者がピンとくるかもしれません。

シミュレーションは何パターン行ってもタダです。実際に営業利益が達成できそうだというイメージができるまで繰り返し行ってみましょう。

▼「売上を増やすために広告費をかけよう」は何の戦略？

多くの会社において、利益を増やすために何をするかというと、まずは売上を上げようと考えます。そのために広告費をかけよう、販売促進をしよう、人を増やそう、という発想になります。利益を増やす戦略パターンのほとんどが、このような内容になるのではないでしょうか。

ちなみに、**これらの内容はQとFの話**で完結できます（Fを増やしてQを増やす）。営業利益を増やす切り口は4つ（P、V、Q、F）あるのに、ほとんどの戦略がQとFの2軸で決められているケースが多いです（一般的に言われる経費削減もFの話）。

売上はPとQの掛け算であり、Pを増やすのも売上の増加につながるのですが、多くの場合でPは所与として捉えられ、売上を増やすことはQを増やすことだと考えられがちです。

また、Vを減らすのも営業利益の増加に大きな効果をもたらすのに、こちらもQとFの話に比較するとフォーカスされていません。Fを増やして（研究開発投資や専門人員の採用など）、Vを減らすと営業利益の増加に貢献するかもしれません。

もし営業利益を増やす戦略をQとFのみで考えていたのなら、これからは4つの切り口を混ぜながら多面的な戦略を検討するようにしてみてください。

▼ぜひ値上げ戦略の検討を！

4つの切り口の中で一番踏み切りにくいのがおそらく値上げ戦略でしょう。特に、一般消費者向け（B2C）のビジネスをしている場合は、消費者が価格に敏感に反応し、戻ってこなくなるリスクがあります。

しかし私は、**これほどの良策はない**と思っています。

先ほど見たように、4つの切り口の中で、値上げ戦略による利益感度は最上位です。値上げにより販売量が減ってしまうとしても、利益が増える可能性は十分にあります。そして、**販売量の減少は社員の負担減につながりますから労なく利益増**になるわけです。**社員が楽になる分、会社の雰囲気がよくなるかもしれませんし、新しいことができるようにもなるかもしれません。**もし販売量が変わらないのであれば、利益が増えるのでそれはそれで儲けものです。

いったん決めた値段を上げることはもとより、値段が高くても「これはよい」とお客様から思ってもらえる商品・サービスを作ることは容易ではありません。しかし、それこそが事業成功の肝であり、一言で言えばライバルとの差別化が必須です。

- 商品・サービスが新しい
- 商品・サービスを使うとお客様に得られるものがある
- 商品制作までのストーリーが感動的である
- ＰＲの手法が斬新で目を引く
- お客様との人間関係が良好である

差別化を図る方法は無数にあると思います。いずれの場合であっても、**差別化の源泉は**

皆様のチームに溜まっている「知識」と「経験」にほかなりません。勝算があるなら、顧客のターゲット層を変えてしまっても問題ないです（特に企業向けビジネスの場合）。ぜひ知恵を絞って**値上げ戦略を考案し、メンバーの皆様で「楽」をしてください。**

▼基本的に値下げ戦略は愚策

儲かるビジネスが何なのかを答えるのは難しいですが、儲からないビジネスを答えるのは簡単です。それは、

● **恒常的な値下げに追い込まれるビジネス**

です。**価格交渉力のない下請けビジネスや、競争激化により値下げ合戦になっているビジネスが全然儲からない**のは周知の通りです。

値上げ戦略が利益感度が一番高い良策である、と記載したばかりですが、その真逆で、値下げ戦略はマイナスの利益感度が一番高い危険策なのです。

値下げがキャンペーンなどの一時的なものであればよいのですが、恒常的なものとなると厳しいです。先ほどの例で見てみましょう。

$P = 1,000$、$V = 500$、$Q = 400$、$F = 150,000$
が現状のとき、

$G = P \times Q - V \times Q - F = (P - V) \times Q - F$ですので、

$G = (1,000 - 500) \times 400 - 150,000 = 50,000$
となりますが、Pを10％削って、Qを増やすことにより同じ営業利益を確保しようとする場合、

$Q = (G + F) \div (P - V)$
ですから、

$Q = (50,000 + 150,000) \div (900 - 500) = 500$
※$P = 1,000 \times 0.9 = 900$
と算定されます。

（G：営業利益、P：販売単価、Q：販売数量、V：1個あたり変動費、F：非変動費）

このケースでは、Pを10%ダウン（1000→900）させると、Qを400から500にアップ（25%アップ）させないと、同じ営業利益を確保できません。**Pを10%下げてQを10%増やせば売上は変わらないので利益も変わらないはず、と思い浮かぶかもしれませんが、変動費の存在により全くそういうわけではない**ので、くれぐれも注意してください。なお、Pを下げた結果Qが増え、そのままの状態だったらまだよいのですが、通常は追い打ちをかけるように競合他社もPを下げて、結局Qがまた下がってしまうケースが少なくありません。

Qが減ったからといって慌ててPを下げてしまった場合、一瞬Qは増えて売上は回復するものの、時間の経過とともにQがまた減っていき、結果、売上は最初の下落時よりさらに下がるのです。この循環にはまると利益はどんどん減ってしまいます。Qが下がったからといって慌ててPを下げず、Vを上げたりFを上げてQを回復させるよう努力してみましょう（Pについては、むしろ上げる施策がとれないかの検討を日頃から心がけたいものです）。

予算に対するプレッシャーはほどほどに

各活動単位の責任者の皆様が、4つの切り口を使って営業利益予算を達成するための施策を考えつくした状態だとします。それでも予算を達成するのが難しそうだったらどうでしょうか。その場合は、経営者に予算を達成するのは難しい旨を素直にぶつけてみましょう。

▼過度の予算達成へのプレッシャーが経営危機をもたらす

経営者が部下の訴えを聞き入れず予算達成を強要し続けた場合はどうなるでしょうか。脅しでも冗談でもなく、架空売上、詐欺まがいの販売、返品特約付きの押し込み販売、欠陥商品の大量発生、部下へのサービス残業の強要などが発生するリスクが高まります。

会社の信頼を失墜させるような愚行を社員が犯してしまうのは、経営者からの予算達成のプレッシャーが激しいことに起因する場合が少なくありません。部下は何としてでも予算を達成せねばならないと無茶をするようになるのです。

予算達成のプレッシャーをかけ続けることにより、会社がよからぬ状況に陥るようなことがあっては本末転倒です。そうなるリスクも考慮に入れつつ、経営者は予算達成に向けたプレッシャーはほどほどにしてください。そもそも**部下が予算を達成しにくい領域のビジネスを選択している経営者にも問題がある**のです。

もちろん、期待をかけるのは当然です。しかし、部下が間違った方向に行かないように時には同じ方向を向いてフォローする姿勢を忘れないようにしてください。

コラム

儲かっていない中小企業はP戦略が不得手で粗利率が低い

失礼を承知で言うと、儲かっていない中小企業の損益計算書を見ると、これでは儲からないですよね、と一目でわかることが多いです。

注目すべきは粗利率（売上総利益÷売上高）です。

とにかくこれが低い。売上高が大きければまだよいのですが、中小企業なので売上高も大きくありません。売上高が小さく粗利率が低い場合、人件費や広告費といった販管費を賄うための粗利（売上総利益）を稼げないため、営業利益を確保できません。

粗利率が低いのは多くの場合、値段設定が低いからです。いわゆるP戦略のミスです。

競合他社に勝つためと、値段をあえて低く設定して勝負しようとしている場合はまさにこの状態です。また、競合ひしめく業界に新規参入した場合も、競合による値下げ合戦の結果として粗利率が低い状況からのスタートとなってしまいます。

粗利率が低い商品・サービス自体を選択している時点で、その中小企業の負け戦が

ほとんど確定します。なぜなら、たくさん売れないと赤字になりますし、たくさん売るための仕組みを、儲かっていない段階の中小企業が用意するのは茨の道になるからです。

たくさん売るためには人手が必要ですし、その人たちへの教育もしなければなりません。集客のためのマーケティング活動も必須です。設備投資をし、在庫も確保しなければなりません。**利益がまだないしょっぱなの段階から、すでに多くの手間とコストがかかります**。

これに**さらなる苦労が重なります**。社員が増えれば社員間のトラブルが増えます。売上が増えるまで儲からない期間が続きますので社員の給料を増やせず、忙しい思いばかりをさせた結果、せっかく教育した社員が辞めてしまうこともあります。その上お客様の数が増えるわけですから、お客様のクレーム数が増えます。そして、そんな苦労をした割に、結局思っていたほどたくさん売れなかったりします。

よくあるパターンなので身近な会社に思い当たる節はありませんでしょうか。ただでさえ経営資源が少ない中小企業において、**たくさん売らなければ儲けられない構造にしてしまっていることは非常にリスキー**なのです。たくさん売れなくても地獄、たくさん売るための茨の道も地獄であり、儲かる見込みが著しく低くなってしまいます。

もともとたくさん売れる「確証的」な見

込みがあったり、建設業や不動産業のように販売単価がとても高ければ、粗利「額」を確保できるのでよいのですが、そうでない限り粗利率は少なくとも50％は確保したいところです。

粗利率が低く、そして売上も少ない「ジリ貧」の会社は、まず粗利率の改善を考えましょう。そのために第一に考えるべきは、価格の見直し（値上げ）です。

価格を見直す際は、堂々と「値上げします」と言わずとも、値上げと気づかれないようメニューの組み合わせを変えたり、新サービスを導入したり、同じものでも見せ方を変えたりするなどして、しれっと行うことも考えられます。

粗利率の改善の視点からは、値上げせずとも原価を下げることでも実現できます。企業努力で製造原価や仕入原価を下げることが第一ですが、低い原価で新しいメニューを構成し、既存の価格帯で売るという方法も考えられます。

あるいは、**既存のお客様を捨てて新しいお客様にシフトチェンジする**ことも粗利率向上の施策として有効です。

粗利率が低いのは、御社の商品・サービスを提供する**お客様の質が悪いから**でもあり、「おたくみたいな商品なんてどこにでもあるし、別にそんなにほしくない」と思っている人に、「まあまあそう言わずに買ってくださいよ、ほかよりも安くしますので」と、媚びて販売しているようなものなのです。

プライドを持って作り出した商品・サービスであれば、もっと高く買ってくれる人はきっといるはずです。世の中の全員に買ってもらう必要なんてありません。

御社の商品・サービスを高く買ってくれる人を想定し、**その人たちのニーズにマッチする形に付加価値を乗せて適切に届けること**ができれば薄利の商売になんてならないはずなのです。

中小企業は何をおいても薄利を狙ってはなりませんし、薄利に追い込まれてもダメなのです。粗利率をできるだけ高く設定できるよう、よく考えてみましょう。高粗利率を確保することが、中小企業が儲かるようになるための最重要ポイントです。

粗利率を○%増やすことができたら営業利益がいくら増えるでしょうか。まずはワクワクしながらそんなことを考えてみてください。

なお、販売数量を減らさずに粗利率を増やすことができれば最高なのですが、仮に販売数量が減ることになったとしても、営業利益が変わらない水準にキープできるのであれば、販売数量が減ることで省ける手間の分、実質的なプラスとなります。

第5章

経営者が「秒速決算」を活用することで手にするもの

「秒速決算」は、経営者がスピーディに会社の状況を隅々まで把握できるようになることを目的としています。スピーディな状況把握はスピーディな経営判断につなげることができますので、競争力の低下を防ぎ、結果として利益体質の強化をもたらします。

会社が利益体質になるということは、経営者のみならず社員にもよい影響をもたらします。経済的、心理的な余裕ができ、チャレンジングな環境にもなりえるのです。

「秒速決算」は多くの人を巻き込んで導入するものなので、それらの方々にどのような影響があるのかも見ていきたいと思います。

1 経営者が「秒速決算」を取り入れることの意味

社員が得る効果、経営者が得る効果

「秒速決算」には、社員に対する効果と経営者に対する効果があります。

▼社員に対する効果

「秒速決算」は各活動単位（事業部など）の現場社員が更新するものであり、**現場社員の数値管理能力の向上をもたらしたり、また予算達成の確度を高めたりする**効果があります。社員は自分たちが管理する数値が常に見える化されれば当然それをよくしたいと考えますし、その上、経営者を含む上司に見られるわけですから、「よく見せたい」という心理も働き、数値改善に向けて能動的に動き出すのです。

しつこいようですが（重要なので何度も言いますが）、**このような状態は経営基盤全体の底上げにつながりますし**、目標達成のための進捗がタイムリーにわかるようになることによって、**社員自身のモチベーション向上も期待できます。**

▼経営者に対する効果

「秒速決算」の社員に対する効果は、経営者の負担を減らすことにもつながりますので、経営者にとっても間接的な効果があります。

一方、**経営者に対する直接効果もあります。それは、営業利益までの各数値がタイムリーに見える化されること**です。全社の数値のみならず、活動単位ごとの数値がタイムリーに把握できるようになることが「秒速決算」の趣旨そのものであり、経営者が得られる最大のメリットです。

また、「秒速決算」では現在把握できる範囲において予測値もタイムリーに更新していくことで、当期の未来数値（当期の着地見込み）も見える化することを目指します。

未来数値を把握できるようになれば経営者は手が打ちやすくなる上、ハプニングやサプライズを減らすことができ、精神衛生的にもきっとよい効果をもたらすでしょう。

数値把握がスピード化されるだけでは意味がない

ところで、経営者が単にスピーディに数値を把握できるようになっただけでは残念ながら何の意味もありません。大事なのはその後の行動です。**何らかの意思決定を行い活動を変えていく**ことで、はじめて業績に変化が生じます。

では、経営者は何を決定すればよいのでしょうか。

その答えは私が述べるまでもなく、きっと経営者の皆様の中にあるはずです。

今期の予算を達成させることや将来利益に結びつけることが軸になるはずですが、数値把握により何を感じて何を決定するかは千差万別です。現状の数値を把握して、今後の行動にどう結びつけるかについては、それこそがまさに「経営センス」というものではないでしょうか。

御社が月次決算を行っている会社であれば、月次決算の検討会議でどのようなことを決定しているでしょうか。基本的にそれと同じようなことを行えばよいのです。

「秒速決算」では、単に数値の把握を通常の月次決算よりも早められたり、未来の数値が見える化されるだけです。それにより意思決定のタイミングは早められますが、経営者の思考や意思決定プロセスは今まで通りでよいと思います。

単年度予算の達成を重視する方もいらっしゃるでしょうし、当期の予算などはどうでもよくて将来利益を重視する方もいらっしゃるでしょう。基本的にそれぞれの会社、それぞれの経営者に合った意思決定の仕方をしてもらえればと思います。

ただ、中には色々な活動が散らかってしまい、何をどのように手をつけてよいかわからず途方に暮れている経営者もいらっしゃるでしょう。

一見経験値が高そうな上場会社の経営者であっても、数値把握を元にした改善アクションを全然しない方もいらっしゃるくらいです（外野がうるさくて意見をまとめられないなど事情はあるのかもしれません）。

事実周りを見ると、規模が大きくなったのに潰れてしまった会社の多くは、数値と向き合わなかった、あるいは数値と向き合っても対処の仕方がわからなかったことによる結果だと思われますので、数値把握で何をしたらよいかわからないという経営者は少なくないのかもしれません。

そんな経営者や、経営者へアドバイスをする周囲の方のために、参考までに、数値把握を元にどのようなことを意思決定していくべきかについて、大枠ながら私なりの考え方を記載してみたいと思います。

2 「やめる」を決める

「やめる」選択は難しい

経営者のみができる重要な決定の1つに、「やめる」ことを決める、があります。

いきなりネガティブっぽい内容から入ってしまいました。しかし、これができない経営者によって苦境に陥ってしまっている会社を何社も見てきました。また、これがタイムリーにできているために会社の新陳代謝が正常に機能して、ずっと成長し続ける会社も何社も見てきました。

私がクライアントから利益を伸ばすためのアドバイスを求められた場合、たとえ全体的に儲かっていたとしても、最初に考えるのがこの内容です。各数値を見ながら「何かやめられることはないかな」と。

ちなみに、再生会社の再生計画で一番はじめに検討されるのが「やめる」選択です（というよりも、その検討がほぼ全てです）。つまり、経営者が自主的に「やめる」選択ができずに苦境に陥ったものの、他人（再生アドバイザーなど）の半強制的なアドバイスで「やめる」選択をする結果、その会社は復活できるということです。自主的に「やめる」選択ができていれば、再生会社にならずにむしろ成長できていたかもしれません。

ところで、なぜ苦境に陥る経営者は「やめる」選択ができないのでしょうか。

それは、**一度始めたことをやめるのは難しいことだからです**。

- なぜやめなければならないのか腑に落ちない（一度始めたことをやめるのはそもそも精神的につらい、やっていることを全部成功させればよいのではと思う）
- やめるべきこととはどのようなものかを特定するのが難しい
- やめるべきことが特定されたところで、どのようにやめたらよいかわからない

といった事情が重なるのです。

なぜやめなければならないのか

経営者が「やめる」選択をするのは、利益を増やすためです。

単純な話、万年赤字の事業がある場合、それをやめればその分の赤字は止まります。つまり利益が増えるのです。

仮に全てが上手くいき、成長が加速し続けているような場合は何もやめる必要がないのかもしれません。しかしどんなに順調であっても、何の失敗や非効率もなく全てのことに勝ち続けている会社なんてないはずです。やめることによって利益を増やすポイントはどこかにあるはずです。

また、**やめることによって余ったリソース（人員やお金）をほかのチャンスに向けることにより利益を増やすことができる**かもしれません。有限であるリソースの選択と集中により、さらなる飛躍の可能性が生じるのです。

ただし経営者も人間である以上、「やめる」選択には心情的な抵抗が否めません。関係者のネガティブな視線も気になりますし、何より、**やめるには誰かに迷惑をかけたり誰かを犠牲にしたりしなくてはなりません**。

経営者は基本的に、見栄っ張りで、強情で、人情味があって、気風がよくて、熱いハートを持ったよい人です（でないと社員もお客様もついてきません）。

そんな経営者に、誰かを犠牲にする可能性がある「やめる」を決めるべきだというのは酷なのですが、それを理解した上で私はあえてそう苦言を呈し続けています。

経営者は「自社の永続」、そのための「将来利益の拡大」を常々求めるべきであり、そのためには「やめる」選択をする覚悟も必要なのです。

消費者ニーズの変化の激しい現代において今までのよい状況が続く保証はどこにもなく、それどころか天変地異や新型コロナウイルス問題に代表される未曽有の環境変化により好況が一瞬にして暗転してしまう可能性すらあります。

そんなときに**会社を救うのは過去に溜めた利益**です。

不確実な未来を考えたら、利益を増やすための目の前の機会を見過ごす余裕なんて本当はないはずです。

「やめる」が利益を増やす選択である場合、それは会社にとっては本来的にポジティブであり重要なことなのです。

何をやめたらよいのか

各活動単位の責任者や社員が、自分の活動単位の利益をどのように増やすかについての選択肢の1つに、F（非変動費）を減らすというものがありましたが（189ページ）、これも「やめる」選択肢の1つです。将来利益に貢献しないコストは、どんどん削りましょう。

各活動単位のコスト削減については、基本的にその責任者や現場社員が考えるべきものですが、テコ入れを経営者が一緒に行っても問題ありません。経営者の視点は現場社員と異なるので有意義な選択ができるようになるかもしれません。

とはいえ、Fの削減がもたらす利益インパクトは通常大きくない、ということは前述の通りです（192ページ）。そのため、経営者は「やめる」選択の検討を、このようなことにとどめてはいけません。

経営者が選択することは、もっと影響の大きいことであるべきであり、具体的には、活動単位そのものについて「やめる」検討をするべきです。

活動単位を「やめる」選択は、そこで活躍している責任者や現場社員に可能なわけがなく、上位責任者である経営者にしかできません。

● **活動単位自体についてやめるか続けるかを経営者が選択する**

● **活動単位内のことをやめるか続けるかは社員が選択する**

主にこの役割分担で無駄を排除し、会社をさらなる利益体質にしていきます。

なお、私がやめることを検討する活動単位をピックアップする場合には、

● **会社全体の中で現在「相対的に」儲かっておらず、将来も儲かりそうもない活動単位**

を対象とします。

やめる選択は、損失を止める目的だけでなく、儲けの少ない活動単位のリソースを、より儲かる活動単位へと投下する目的（選択と集中）で行う場合も考えられます。

前者は特段の説明は不要と思いますが、後者（選択と集中）については平時に行う会社は少なく一般的でないため図を用いて見てみます（図5-1）。

相対的

ほかとの比較の上で成り立つ評価のことを言います。ここでは、会社にいくつも活動単位（事業部など）があって、その中で比較的儲かっているか儲かっていないかの話を意味します。たとえば利益を獲得しているＡ部門があったとしても、ほかの部門がさらに大きな利益を獲得している場合は、Ａ部門は「相対的に」儲かっていないということになります。

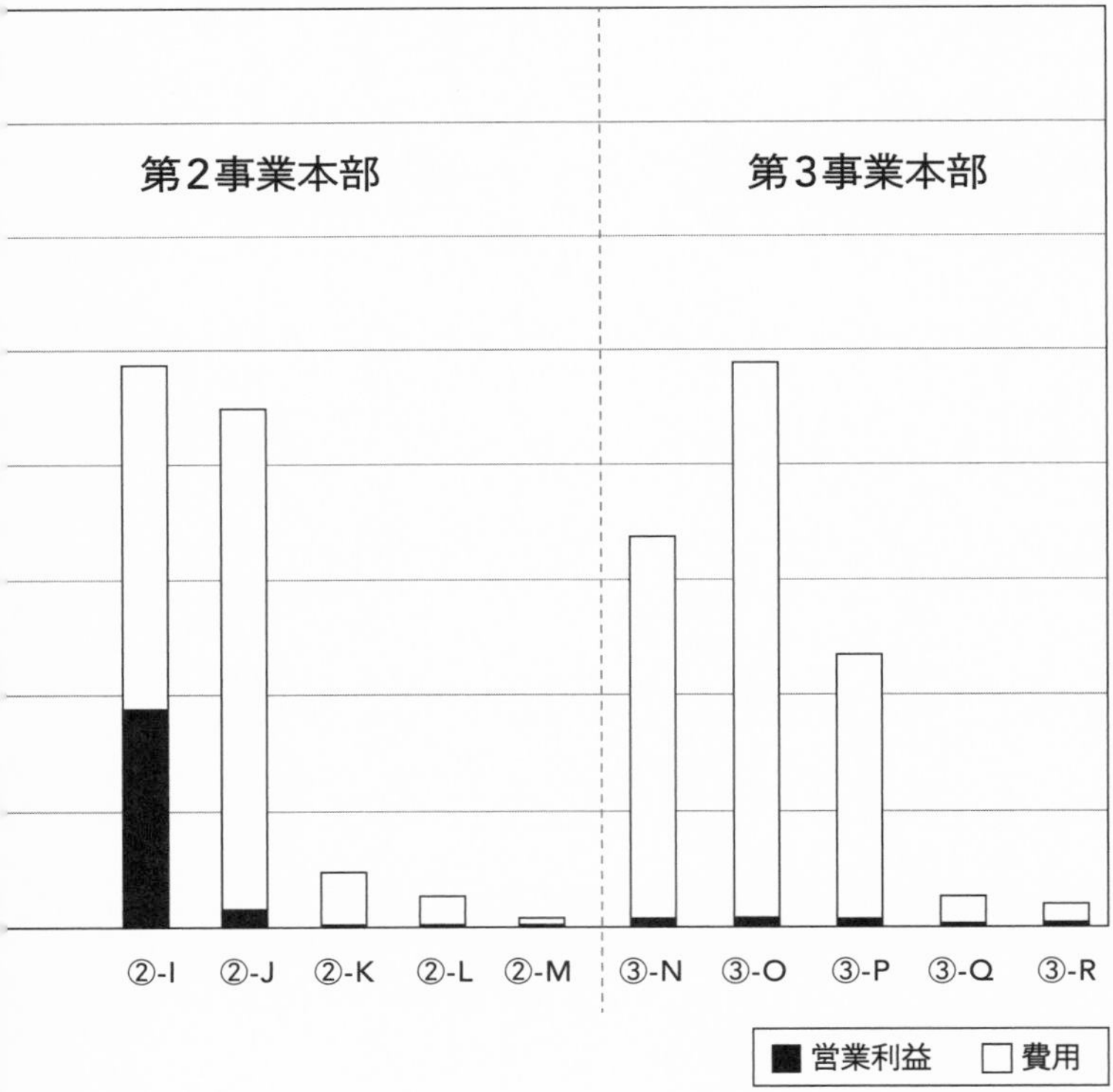

第2事業本部
第3事業本部
②-I
②-J
②-K
②-L
②-M
③-N
③-O
③-P
③-Q
③-R
営業利益
費用

図5-1　活動別損益（共通費の負担なし）

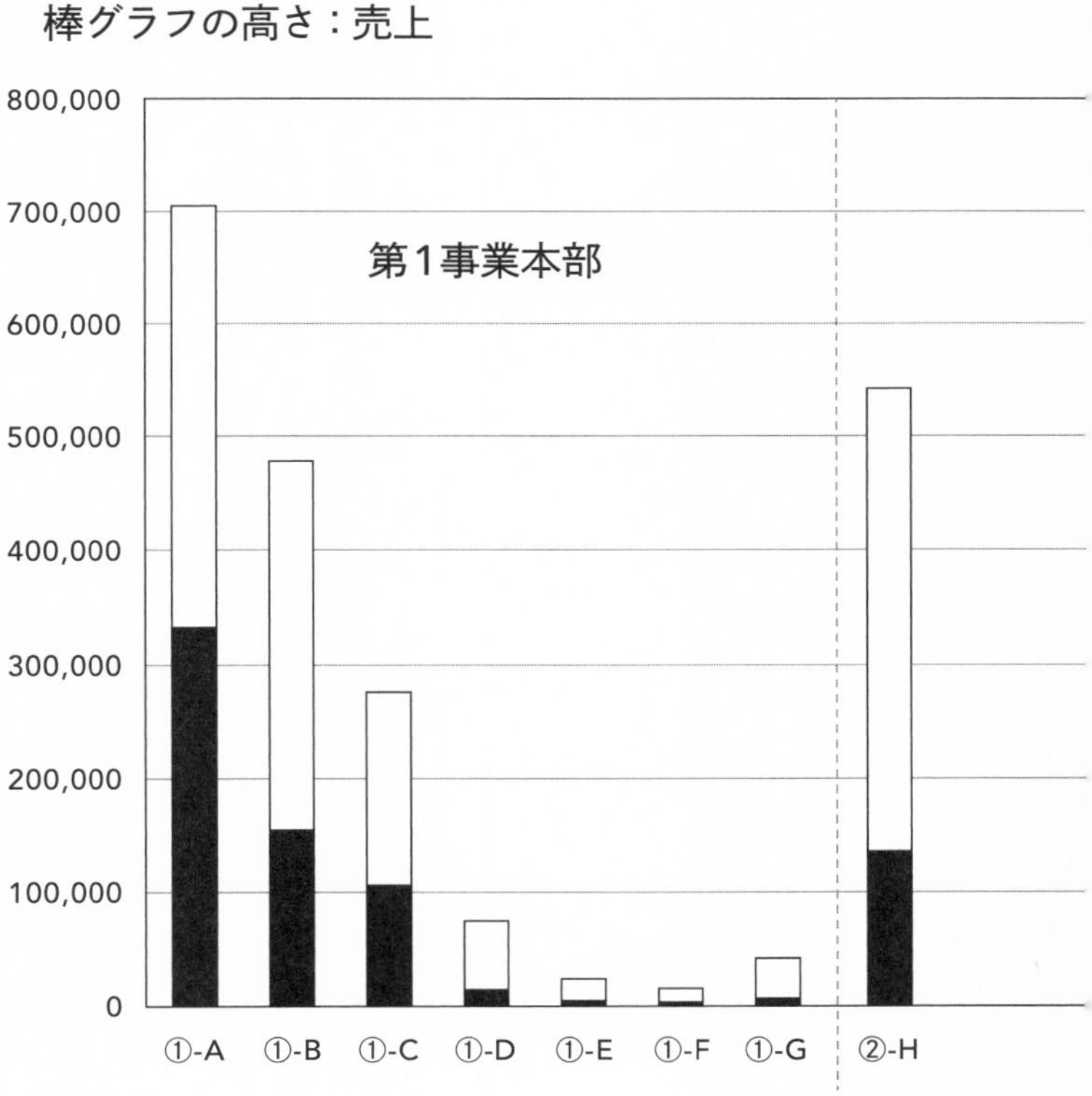

図5-1は、ある会社の状況だと考えてください。この会社には、第1事業本部から第3事業本部までの大きな活動単位が存在します。そして、各事業本部内に複数の事業部を抱えています。管理部などの間接部門は勘案せずに、収益を獲得する各活動単位の損益のみを反映させたグラフとしています。ここでは共通費の負担はせずに、活動単位の直接費のみを考慮した利益を算出しています。

少々極端な例かもしれませんが、どの会社でも**活動単位を細かく把握して各損益の状況を見てみると、このような勝ち負けがある**はずです。そしてパレートの法則の通り、多くの利益を稼ぎ出しているのはごく一部の活動単位だったりします。

一般的に**利益が少ない活動単位では、小さい利益でもそれを稼ぐのに楽でない状況**であり、一方、**利益が多い活動単位は、比較的手間もかけずに楽して稼げている状況**です。御社に当てはめて考えてもらってもきっとそうではないでしょうか。

ところで先ほど、やめることを検討する活動単位は、会社全体の中で現在「相対的に」儲かっていない活動単位と記載しましたが、それはあくまで「その会社の中」で儲けが少ない活動をピックアップするためです。赤字であればわかりやすいのですが、仮に全部黒字の場合は、その中で利益が比較的少ない活動単位がピックアップされることになります（ちなみに図5-1は全部黒字です）。

パレートの法則

別名「2：8の法則」。イタリアの経済学者であるヴィルフレド・パレートが発見した法則であり、全体の数値の大部分（8割）は、全体を構成するうちの一部の要素（2割）が生み出しているというばらつきの状況を指摘したものです。会社の利益で考える場合、会社全体の利益の8割が上位2割の活動単位で獲得されている状態を指します。多くの経験則からパレートの法則は様々な事象に当てはまると考えられています。

一般的に、全部の活動単位が黒字の場合は、全部やめないほうがよいと考えられがちです。管理会計的なセオリーであれば、活動単位の黒字によって少しでも共通費を回収できるのであれば、その活動単位は継続すべき立場がとられます。しかし、機会損失が発生する可能性についてはあまり考慮されていません。

たとえば、第3事業本部は黒字なのですが、ほかの事業本部に比べて大幅に薄利です。費用をたくさんかけても効果が得られていませんし、これから伸びそうもありません。おそらくほかの事業本部に比べて激戦の領域でビジネスを行っているのでしょう。**この事業で稼ぐのは大変**です（その割に、このような事業の人員が一番多かったりします）。

一方、第1事業本部と第2事業本部はどうでしょう。利益を稼ぐ事業が内包されて、それぞれが多額の利益を獲得できています。

このような状況で、第3事業本部の利益を第1事業本部や第2事業本部並みに引き上げるためにリソースをさらに投下するのと、第1事業本部や第2事業本部の利益をさらに増やすべくリソースを投下するのとでは、どちらが楽に成果を挙げられそうでしょうか。

おそらく第3事業本部を伸ばすよりも、**第1事業本部や第2事業本部を伸ばすほうがはるかに簡単なはず**です。そして、ここで考えるべきことが第3事業本部の存続となります。

第1事業本部や第2事業本部を伸ばすためには追加でリソースを投入する必要がありま

機会損失
ある選択をしなかったことにより被った損失を言います。逆に、その選択をしていれば得られたであろう利益とも置き換えられます。

すが、通常はそのリソースは外部から調達します（新しい人員採用など）。しかし、第3事業本部をやめればリソースは内部で調達できるようになるかもしれません。

確かに第3事業本部をやめると、その分の利益が失われてしまうので躊躇してしまいそうです。しかし、どうせ伸びなさそうなのであれば、そのリソースを別に振り向け、新たなチャンスにつなげるのも有意義ではないでしょうか。

このように、ある活動単位が黒字であったとしても、相対的に少ない利益の場合は、**「もしこの活動単位を廃止して、別の活動単位にそのリソースを投下したら全体の利益は大きくならないだろうか」という機会損失の視点を持って、活動単位をやめるか否かの選択をすると会社の利益はより大きくなる可能性があります。**

もちろん、第3事業本部に将来の可能性が見出せるのであれば存続の上、第1事業本部などには新たなリソースを投下すればよいでしょう。あくまで「やめる」選択は、相対的に利益が小さく（あるいは赤字で）、そして将来的にも儲からないと判断される活動単位、つまり**経営者の頭脳を含めた限られた経営リソースを追加で投下する価値が低い活動単位**に限ります。

このような観点から、図5-1のうち経営者が「やめる」選択を検討する活動単位は

222～223ページの図5-2のようになるでしょう。

▼現実の経営者の選択

しかし実際のところ、図5-1の第3事業本部のような活動単位の利益を増やすために追加でリソースを投下する経営者は多いように思います。代わりに、利益を獲得できている第1事業本部や第2事業本部は放置されがちです。

利益が多いほう（第1事業本部など）が楽に稼げるため、そちらに集中したほうがより利益が増えるはずなのに、利益が少なく楽でない活動単位（第3事業本部）にフォーカスするという真逆の選択がなされるのです。

これはおそらく、経営者に「やめる」選択肢がなかったからです。

やめないのであれば、横並びになるように伸ばそうとするのは人間の心理として当然です。そして、**リソースの制約の中でフォーカスできることは限られるので、放っておいても利益が獲得できている活動単位のほうが逆に放置されてしまう**のです。

繰り返しになりますが、「相対的に儲かっていない活動単位をやめて、相対的に儲かっている活動単位にリソースを投下したら全体的な利益はどうなるだろうか」「楽に稼ぐためには何の活動単位に集中したらよいだろうか」ということを、ぜひ考えてみてください。

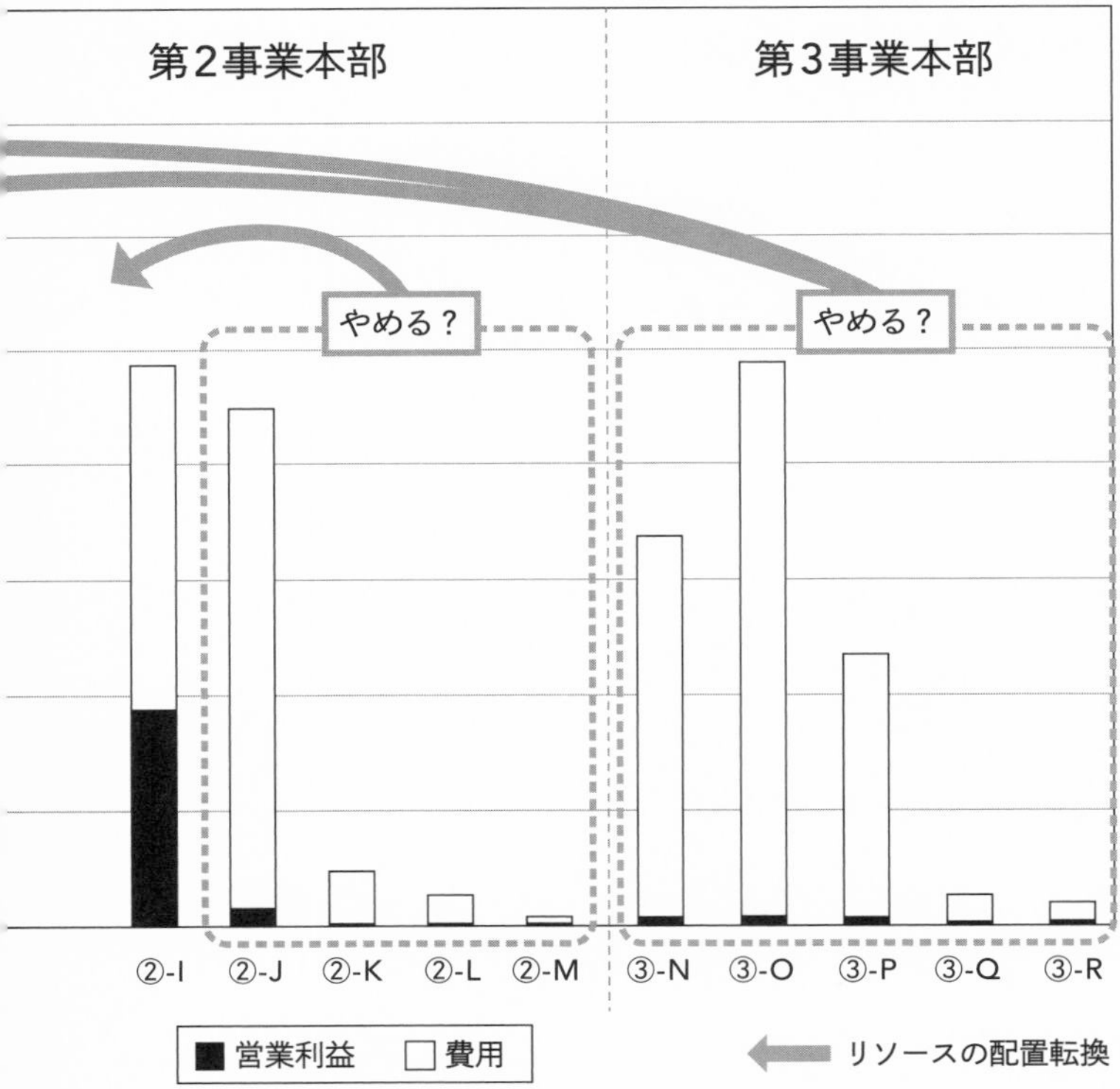

第2事業本部
第3事業本部
やめる？
やめる？
②-I
②-J
②-K
②-L
②-M
③-N
③-O
③-P
③-Q
③-R
営業利益
費用
リソースの配置転換

図5-2　やめる活動をピックアップするためのヒント

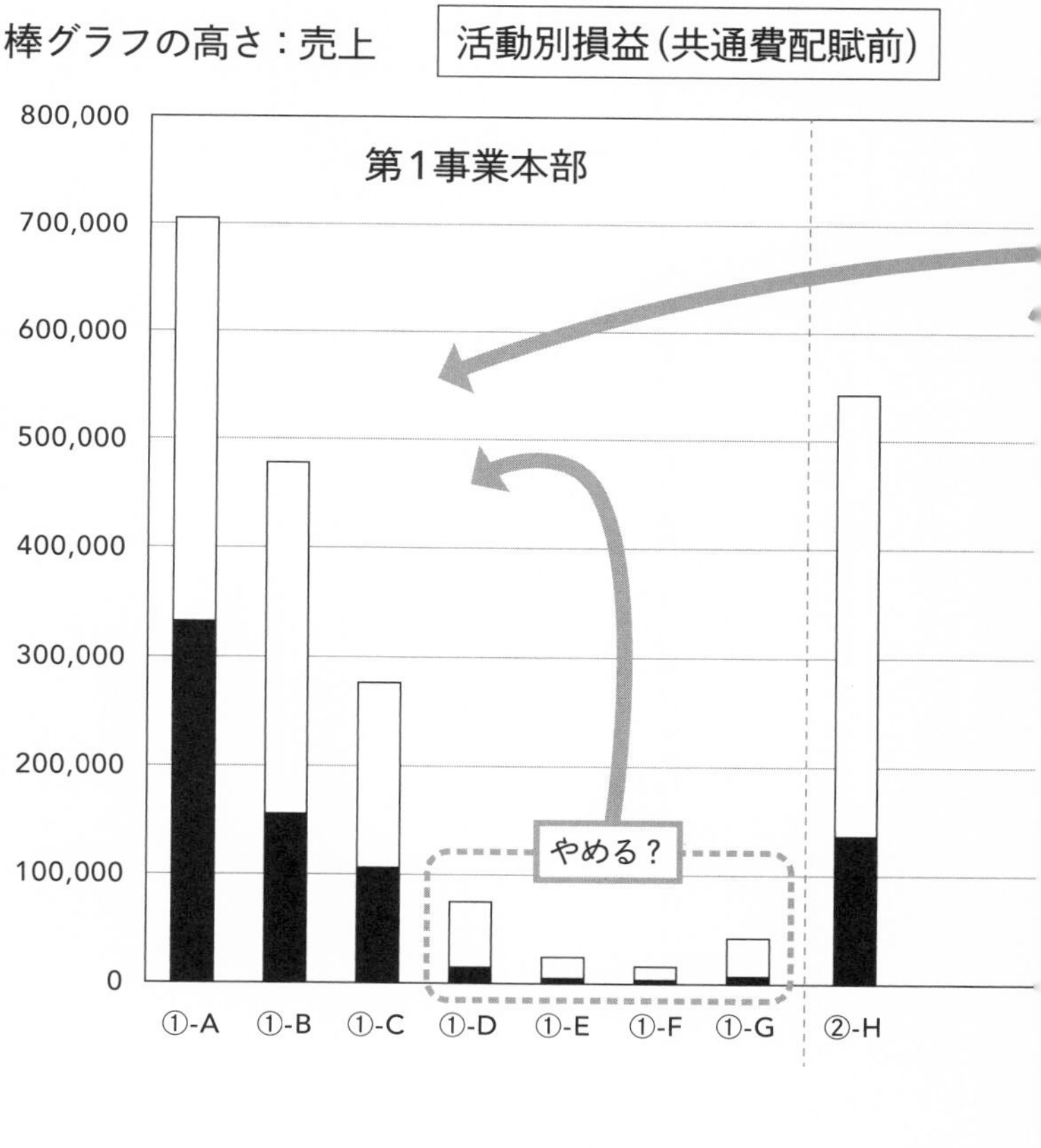

なお、人員の配置転換は、適性などの問題で難しい場合があるかもしれません。しかし、儲からない仕事をやるより儲かる仕事をやるほうが基本的に社員はハッピーなはずですので、経営者が杓子定規に「そんなの無理だ」と決めつけることはせずに、まずは対象となる社員と対話の上、様子をうかがうことから始めてください。

どのようにやめるか

活動単位をやめるには、大きく「撤退」と「他社への売却」の2択があります。

また「撤退」の中には、人員整理を伴うものと配置転換により人員整理を伴わないものがあります。

人員整理を伴わないものはまだよしとして、非常に悩ましいのが人員整理を伴う撤退です。全社的に赤字に陥っており、ほかの活動単位も余分な人員を受け入れられる余裕がなく、撤退する活動単位の人員が余ってしまう状態です。

▼人員整理を伴う撤退

そもそもそんな場面を迎えることがないようにと本書を執筆しているつもりですが、もしそうなってしまったら割増退職金を支給するなどして社員へ退職を促していくことになります。経営陣も当然給与カット、その上おそらく進退を問われる場面になります。

想像しただけで前に進みたくありません。しかし、活動単位を撤退させ一部の人員を整理することで会社全体が生き残ることができるのであれば、その苦渋の選択から逃げてはならないのが経営者です。

人員整理は絶対に行わないと宣言する経営者もいますが、もし赤字垂れ流しの状態であれば会社の存続そのものに影響を及ぼしかねません。そうなると全員共倒れの上、割増退職金すら払えない、さらなる深刻な状態になるでしょう。

赤字の活動単位がいつか黒字になるのを信じて（その可能性もゼロではないですが）、全てがダメになるまでみんなで耐えて続けるか、あるいはドライな考えを持ちつつ、ある程度健全なタイミングで一部を切り、残りの活動単位のみで継続させていくか、果たしてどちらがよいでしょうか。

そんなことを考えていくと、問題を先送りせず早めに手を打つことの重要性が改めて浮き彫りになるのではないでしょうか。

▼他社への売却

これができる場合は要検討です。通常は、社員も含めて売却先に引き受けてもらいます。

売却先では、その活動単位を活かして事業展開をするため、社員にとっては今よりは儲かる環境に身を置けるようになるはずです。

会社としては不採算の（あるいは儲けが少ないノンコアな）活動単位を売却でき、多少なりとも売却資金が得られるわけですし、所属する社員にとっても、よりよい環境に身を置ける可能性が高まりますので、売るための手間はかかるものの、よい面も多いです。

「他社への売却」が選択肢として検討可能な場合は、できれば黒字のうちが望ましいです（より高値をつけられます）。難しい判断になりますが、今は黒字でも将来的に利益が段々落ちていき、そのうち赤字に転落することが予想される場合は、黒字であるうちに早めに見切って売却に着手するのがよいかもしれません。

売却の選択は手続きが複雑であり、一見取り組みにくそうですが、最近では完全成功報酬型のM&A支援の会社がたくさんありますので、まずはそういった会社に当たってみるとよいでしょう。私自身がM&Aに関与する機会が多いので、支援会社と接する機会も少なくないのですが、中には規模が小さい会社や事業に特化し、仮に赤字であっても買い手を見つけてきてくれる会社もあったりします。

やめるべき活動単位を決めるために

やめるべき活動単位を特定し、迅速に決断していくためには、**経営者自身が各活動単位の損益（営業利益）をタイムリーに把握し続けるほかありません**。そして本書では、タイムリーに各活動単位の営業利益を把握できるよう「秒速決算」の体制を推奨しているわけです。

なお、**儲かっていない活動単位のみをピンポイントでやめることができるように活動単位は適切に細分化されたものであることが重要**です。活動単位の細分化に関する具体的な手順は61ページ以降で記載していますので、改めて確認してもらえればと思います。

3 脱ゆでガエル経営
―変化に敏感になり「変える」選択肢を持つ―

儲かっている活動単位への目付け

前節に記載した「やめる」選択は、今儲かっていない活動単位が対象となります。一方で今儲かっている活動単位はどのようなことを注意すべきでしょうか。

基本的に**儲かっている活動単位は、比較的楽に利益を増やせる**ため、商品・サービスを安定供給できるようにした上で、さらにリソースを投下します。儲かっている活動単位の利益最大化が会社全体の利益最大化につながりますので、その加速は重要です。

このタイミングでは、188ページで記載した営業利益を増やすための4つの切り口のうち、P（販売単価）やV（1個あたり変動費）はバランスが取れている状況であり、主としてQ（販売数量）を増やすことによって利益を増やすことになります。

▼見落としがちな販売数量（Q）を増やすための施策

Qを増やすためには営業人員を増員して、広告を増やして、DMを送って、販路や商品ラインナップを増やして横展開……と、とにかく外向きの活動に目が向きがちです。

しかし、社内が忙しくなりすぎて注文量に対応できず結果的にQを増やせない場合があります。社内に想定以上の販売量をさばくための仕組みがなく、対応がつぎはぎで場当たり的になってくると、社員はものすごく忙しく感じる上（むしろ混乱）、商品やサービスの品質が落ちてしまいよいことがありません。

前ページでさらっと触れましたが、商品・サービスを安定供給するための社内の仕組みがなければ、いくら外向きの活動を増やしたところでQを増やすことができません。

「よい商品・サービス」（差別化され、1単位販売あたりの利益が大きいもの）と、それ**を喜んで購入してくれる「よい顧客」を上手くマッチングできるようになると「儲かる事業」となります**が、それをさばける**「会社内の仕組み」（よい組織）がないと利益増加に天井がきてしまう**のです（図5-3）。

会社内の仕組み作りも、本来であればQを増加させる施策として各活動単位の責任者が考えるべき内容かもしれません。しかし、**外向きの活動のみならず社内の体制作りがQを増やす上でポイントとなることについて意外と多くの会社で見落とされがち**（あるいは放

図5-3 利益を極大化するための構図

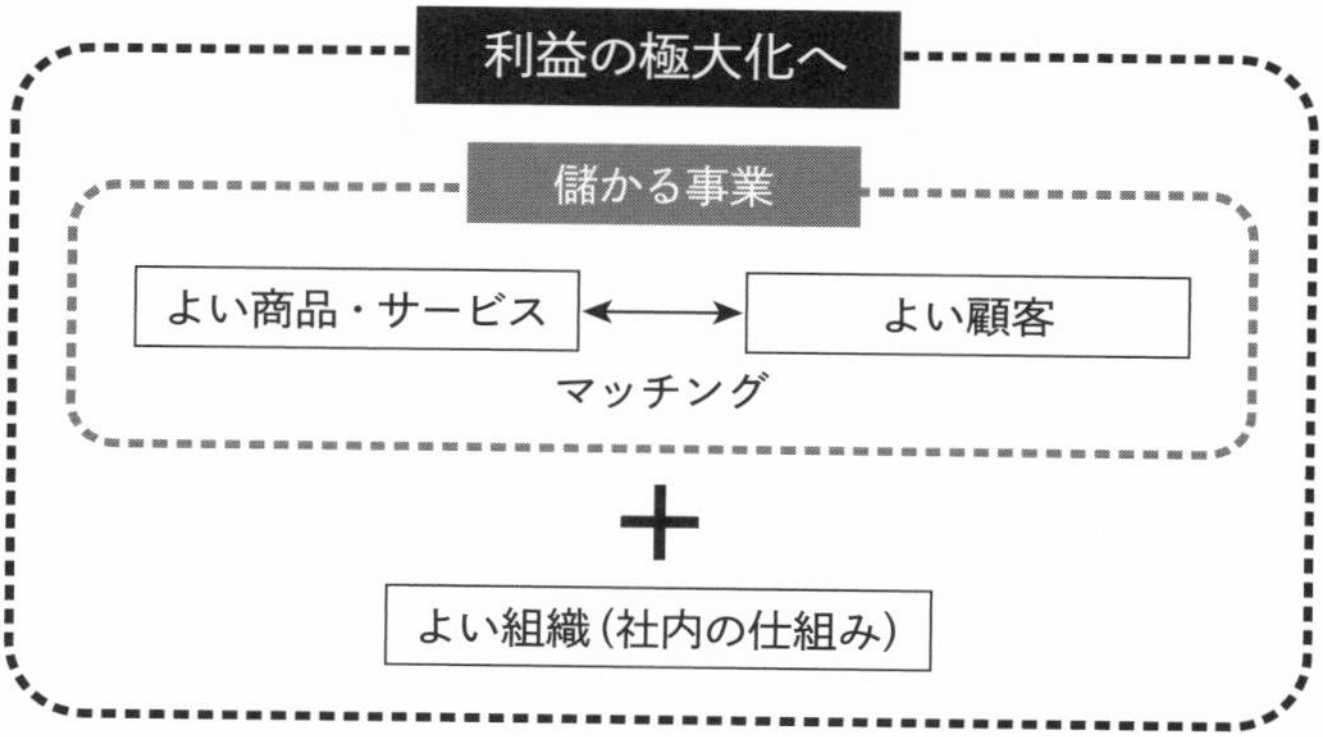

置気味）であることを鑑みると、もしかすると内部の体制作り（業務フローの構築、業務分担のルール作り、業務のマニュアル化やデジタル化など）については、管理者クラスである各責任者には荷が重い内容となっているのかもしれません。

　まだまだ市場シェアを伸ばせるはずなのにQが伸び悩んでいる場合、経営者は、外向きの活動に上手くいっていない部分があるかもしれないという視点が重要なのですが、それだけでなく、もしかしたら**内部に問題があり、それは責任者レベルで対応が困難なのかもしれない**という視点も持ってフォローするようにしてください。儲かっている活動単位であれば、専門のコンサルタントを雇って仕組み作りの支援を依頼するのも手でしょう。

▼儲かり続けるのは難しい

ところで、儲かっている活動単位がいつまでも儲かり続ければよいのですが、残念ながらそういうわけにはいきません。顧客ニーズの変化やライバル他社の商品・サービスの登場などにより、いつかは必ず潮目が変わり、それを放っておくと儲からなくなってしまいます。一世を風靡した会社であっても倒産してしまったり、現在鳴かず飛ばずの状況になっているのは潮目の変化に上手く対応できなかった（しなかった）ためです。

儲かっている活動単位が儲からなくなってしまうことによるダメージは甚大です。

経営者は、**儲かって余裕があるうちに、儲からなくなってしまうことを阻止**しなければなりません。

そのためには、**経営者が絶えず潮目の変化を感じ続ける必要があります**。

儲かっている活動単位の潮目の変化を見定める

潮目の変化はお客様が教えてくれるものです。本当は生の声をたくさん聞くのが一番ですが、数値的には売上高の変化で感じます。経営者は、特に、儲かっている活動単位の売上高が下降トレンドになっていないかを注意深く見るべきです。

経営者が着目すべき最重要の指標は営業利益だ、と本書では口酸っぱく記載してきましたが、こと**顧客ニーズの動向を把握するという意味では営業利益は十分な指標になりません**。というのも、費用を削れば帳尻を合わせることができる、つまり社内調整が可能な部分が残るからです。

一方で、**売上高はお客様の評価がそのまま反映される社内調整が不可能なものであり、粉飾でもしない限りごまかせません**。

社内で確認できる数値として、**売上高こそが、扱っている商品・サービスに関するお客様評価の唯一の指標**となるのです。ドライな言い方をすると、売上高が下がっているのは、景気のせいでも社内の努力不足の問題でもなく、お客様がその商品・サービスを「いらない」と声なき声で言っている状況であり、もしそれが恒常的に下降トレンドとなっている場合は、その商品・サービス自体が世のニーズにマッチしなくなってきたということを意味します。

よくある勘違いですが、**マーケティング活動が下手だからとか営業マンの努力が足りないからとかそういう問題ではない**のです。特に、今まで儲かっていた商品・サービスはマーケティングも営業も上手くいっていたわけですから、売れなくなってきた要因は商品・サービスそのものに起因する場合が多いはずです。

景気のせいにして売上高はすぐにまた戻ると楽観視したくもなりますが、景気の変化も相まって、その商品・サービスが世の中のニーズに合わなくなってきているのです。

売上高が恒常的な下降トレンドにある場合、残念ながらそれは**御社の商品・サービスが「もうイケてない」**というサインなのです。

▼売上高はじわじわ下がる

今まで儲かってきた事業の売上高は急激には下がりません。新型コロナウイルス問題のような異常事態でも生じない限り顧客需要がいきなり蒸発することはなく、一度定着したお客様が潮が引くように離れていくわけではありません。

売上高は通常、ゆっくりじわじわ下がるのです。怖いことに、経営者が問題視しないくらいのゆっくりとしたペースで下がってきているかもしれません。まさにゆでガエル状態。油断の末に、気づいたときには経営へのダメージが深刻なものになっているかもしれません。そうならないように経営者は変化に敏感になる必要があります。そのためには売上高の年計グラフを用いるのが有用です。

ゆでガエル
「カエルをいきなり熱湯に入れると慌てて飛び出して逃げるが、水に入れてじわじわと温度を上げていくとカエルは温度変化に気づかず、生命の危機を感じないままゆで上がり死んでしまう」という例え話です。ビジネスシーンでも、ゆっくりと進む環境変化や危機には気づきにくく、気づいたときには手遅れになりがちです。

▼売上高のトレンドは年計グラフで把握する

年計グラフは、当月を含めた過去12カ月間（1年間）の合計数字の推移をグラフ化したものです。年計とは、たとえばX２年１月の年計は、X１年２月からX２年１月までの12カ月の合計値であり、X３年９月の年計は、X２年10月からX３年９月までの12カ月の合計値ということです。

売上高は季節変動要因があり、月ごとに大きく上下する可能性があります。そのため、単に月次推移を見るだけでは傾向が読みづらいです。

一方、年計による前月と当月の差は、当月売上高と前年同月売上高の差のみであり、基本的に月次推移と異なり緩やかな推移を描きます。前年同月との差として推移していくためトレンドが上手く表現されるのです。

236～237ページの図５-５と図５-６を見てください。両方のベースは図５-４です。ここには売上高の数値を表記していますが、これらは創作値です。わかりやすい下降トレンドとなるように、X１年の各月の数値から５％引きの数値をX２年の各月の数値とし、X２年の数値からさらに５％引きの数値をX３年の各月の数値としました。

この月次推移をグラフ化したものが図５-５であり、年計推移をグラフ化したものが図

5-6です。図5-5ではよくわかりませんが、図5-6ではその下降トレンドが明らかです。どちらも同じ数値をベースにしたグラフなのですが全然印象が違います。

▼現場は率直に、経営者は素直に

潮目の変化、つまり売上高が下降トレンドになるのをいち早く察知するためには、現場社員に売上の実績値や見込値を頻繁に更新してもらい、見える化していくことが有効です。このまま行ったら売上高がどうなるかについての見込みは、現場社員が一番肌身に感じているはずであり、その**見込値を含めた年計グラフを更新していくと未来のトレンドも把握できるようになる**はずです。

ここでも大事なのは、より正確な動向の把握です。

現場社員が実態に合わない強気な数値を更新するような場合は、トレンド把握を誤ってしまうことになります。そうならないように、まずは**現場社員には率直な感覚を反映してもらい、経営者がその内容を素直に受け入れる体制としましょう。**

特に、儲かっている活動単位について**先手で対策を行う意義は大きい**わけですから、経営者が潮目の変化をいち早く感じられるような仕組み作りをするべきです。

X1/6	X1/7	X1/8	X1/9	X1/10	X1/11	X1/12
2,000	1,800	2,200	4,200	3,800	3,000	2,800
X2/6	X2/7	X2/8	X2/9	X2/10	X2/11	X2/12
1,900	1,710	2,090	3,990	3,610	2,850	2,660
32,715	32,625	32,515	32,305	32,115	31,965	31,825
X3/6	X3/7	X3/8	X3/9	X3/10	X3/11	X3/12
1,805	1,625	1,986	3,791	3,430	2,708	2,527
31,079	30,994	30,889	30,690	30,509	30,367	30,234

図5-5 X2年以降の売上高の月次推移

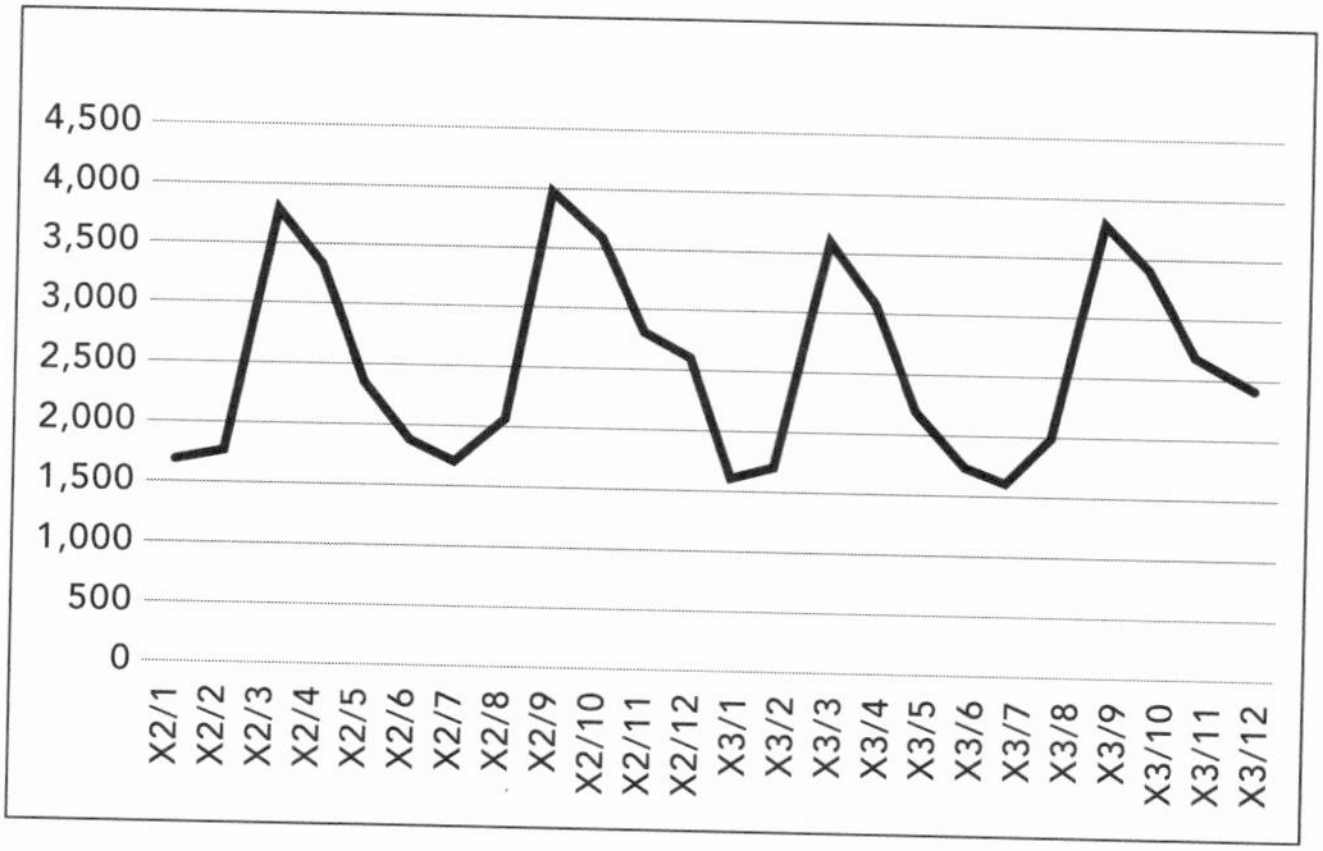

図5-4　売上高の月次推移と年計推移

	X1/1	X1/2	X1/3	X1/4	X1/5
売上高	1,800	1,900	4,000	3,500	2,500
売上高年計					
	X2/1	X2/2	X2/3	X2/4	X2/5
売上高	1,710	1,805	3,800	3,325	2,375
売上高年計	33,410	33,315	33,115	32,940	32,815
	X3/1	X3/2	X3/3	X3/4	X3/5
売上高	1,625	1,715	3,610	3,159	2,256
売上高年計	31,740	31,649	31,459	31,293	31,174

図5-6　X2年以降の売上高の年計推移

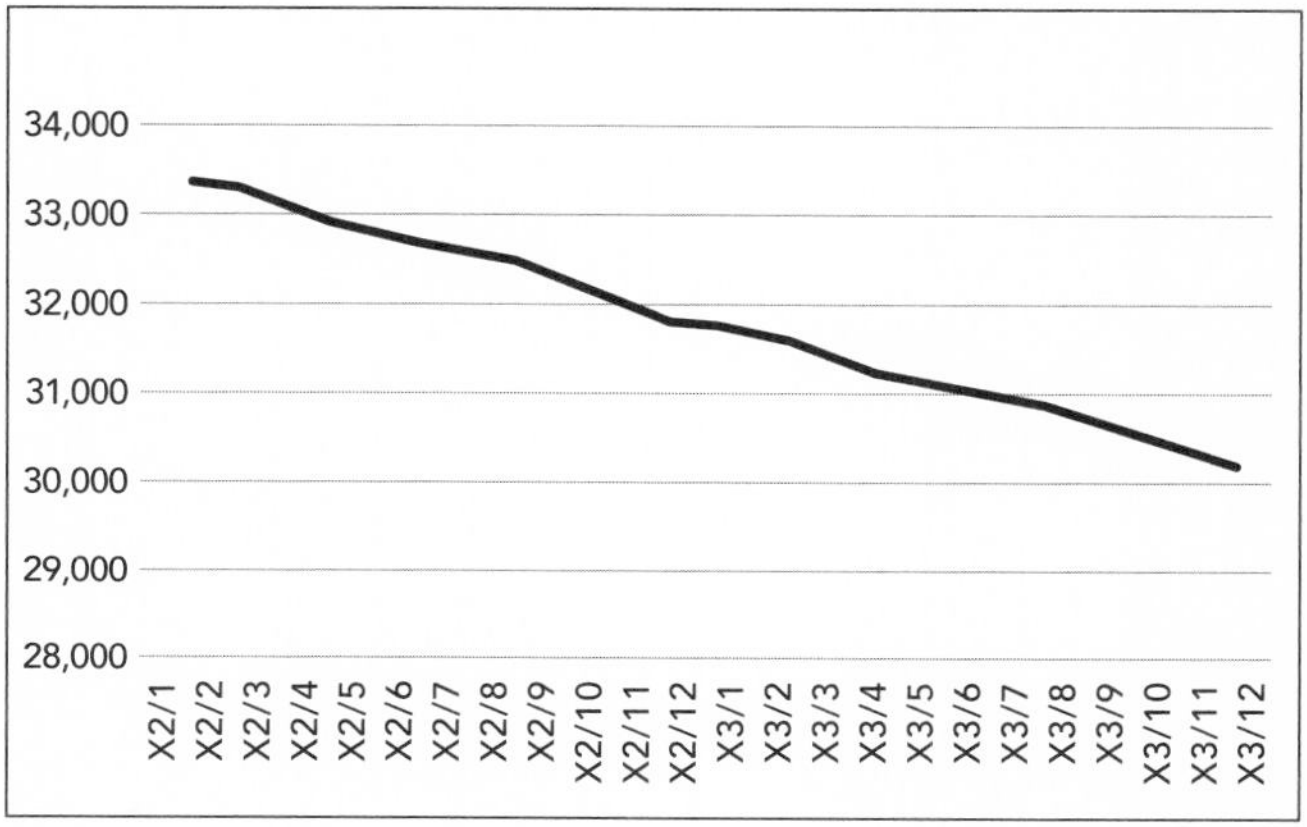

「変える」ために最初に動くべきは社長

過去の連続で未来があるとは限りません。むしろ、世の中が変われば過去とは連続しないと考えるほうが実態に合っているでしょう。つまり、世の中が変化する以上、それに合わせて商品・サービスも変えていかねばなりません。

特に、新興企業が育ちやすい現代においては新しい商品・サービスが次々と誕生します。そのため顧客ニーズの移ろいも激しく、マーケット自体が縮小していく（代替市場へ移行していく）、市場シェアが奪われるといったことは、もはや当たり前のように起こるわけです。

儲かっている事業があるからといって、そこにあぐらをかき続けるわけにはいきません。絶えず変化を感じ、変化がある場合は、それに敏感に対応するために「変わる」ことをいとわない経営者、特に社長の姿勢が求められます。

大事なことは、既存のものを「変えよう」と、社長が社内に投げかけることです。当初は具体策がなくても仕方ありません。その投げかけをきっかけに社員の思考や行動がスタートし、組織が動き出しますので、社長がタイムリーに「変えよう」と投げかけること自体に大きな価値があるはずです。

ところで、世の中の変化はネガティブなことばかりをもたらすわけではありません。

この世に人間社会がある限り、必ず何かにお金は使われます。世の中の変化に対応するための「変える」選択を、タイムリーかつ顧客ニーズに合う形で適切にできるようになると、たとえばライバルのシェアを奪えるようになるかもしれません。

御社では儲かっている活動単位の売上高が下降トレンドになったら（なりそうだったら）、それは潮目が変わったシグナルで、ある意味チャンス、とも考えられそうでしょうか。

売上高の下降トレンドがチャンスとは痩せ我慢かもしれませんが、栄枯盛衰は世の常であり例外なく訪れるわけですから、これくらい前向きな気持ちで備えるほうが経営者としては気が楽ではないでしょうか。どちらにしても、**チャンスにできるかどうかは社長の「変わる」選択があればこそ**です。

そして、素早く「変わる」選択ができるようになるためには、社長自身が潮目の変化を迅速に把握できる体制、その1つの手段として社長がタイムリーに数値（ここでは売上高）を把握できる体制がとても重要なのです。

4 アソビに使える金額も把握しよう

アソビとは

「アソビ」と言うと誤解が生じるかもしれませんが、今の事業の利益増加に直接的な関係があるか否かにかかわらず、**経営者や社員のワクワクを促進し、モチベーションを上げることを**「アソビ」としてイメージしてみてください。もちろんプライベートでなく会社の取り組みとして行うことです。これには未来を創るチャレンジングな取り組みなども含みます。たとえば、

- 失敗し続けている研究開発に追加投資する
- 有望な若手社員が推進する新規事業を承認する

- 有名俳優を起用したテレビCMを作る
- 社員旅行を企画する
- お客様との接待会場のグレードを上げる
- オフィスの内装をカフェ仕様に変える
- ゴルフの練習ができる福利厚生用の設備を導入する
- 予定していない追加のボーナスを全社員に支給する

といったことです。挙げ出すとキリがありませんね。

普段は張り詰めて仕事をする中で、**アソビもできる経済的な余裕、精神的な余裕があると、きっと会社の雰囲気がさらによくなる**でしょう。経営者自身もそういうことがあったほうが楽しめます。

職場は、そこで働く人々が人生の長時間を過ごす場所であり、よい雰囲気であるに越したことはありません。儲かっている会社では事業チャレンジの機会があったり、オフィス環境がよかったり、福利厚生プランがたくさんあったり、社内の催し物が多かったりしますが、それはアソビにお金を使う余裕がある、あるいは余裕を持たせているからです。

もちろん、儲かってもいないのなら将来利益に貢献するかわからない不確実なことに費用を使っている場合ではありません。それ用に予算を設けていれば別ですが、そうでない場合はいくら使えるかをタイムリーに把握の上、その範囲の支出に抑えましょう。

アソビに使える費用範囲をタイムリーに把握する、というのはずいぶんふざけた内容に聞こえるかもしれません。しかし、**張り詰めた緊張を時にほぐしたり、社内にワクワクを持ち込むのも経営者の重要な役割**です。そして、そのような余裕を持てるくらい頑張ってもらいたいというメッセージでもあります。

アソビで使える金額の範囲

アソビで使える金額は、そもそもすでに予算に入っている場合を除き、**予算を超える営業利益の範囲**としましょう。まずは営業利益予算を達成するのが先です。営業利益予算は会社存続のために達成しなければならないものですから、それを達成してはじめて余裕が生まれます。

その余裕の範囲内で使う分には株主を含む利害関係者に迷惑をかけませんし、節税対策にもなりえますし特に問題にならないはずです。公私混同になり税務署から否認を受けるような内容でない限り経営者の裁量で使いましょう。

もちろん、予算を超える営業利益を獲得できるからといって無理に使う必要はありません。あからさまな無駄遣いは逆に社員のモチベーションを下げてしまいますので、そうならないよう大事に使うことが前提です。

▼アソビで使う費用は当期のうちに

アソビで使う費用を、当期の予算を超える営業利益の範囲内とするためには、**その費用を当期中に使わなければなりません**。節税対策とするにしても当期中に使わなければなりません（固定資産にならない限り、そのまま節税対策にもつながります）。

つまり、予算を超える営業利益を獲得できるかどうかを決算のタイミング（通常は期末日から1〜2カ月後、つまり翌期に入っているタイミング）ではじめてわかるような状況では手遅れということです。

手遅れにならないようにするために、**期末日よりだいぶ前のタイミングから営業利益がどの程度になるかの予測を立てる必要があります**。

営業利益の予測の立て方はこれまで記載してきた通りです。**期末までの見込数値をタイムリーに更新することによって、より正確な値を得ることができる**ようになります。

アソビが先かチャンスが先か

ほとんどの経営者にとって一番ワクワクすることは、儲かるチャンスを当てることです。たとえば広告をかけた分だけお客様が増え、注文が次々舞い込む状況となった場合、まさにチャンス到来といったところでしょう。そんなときはもちろんアソビにかける費用は来期以降として、費用投下はチャンスを実らせることが優先されます。

過去から稼いできた利益は、将来の不確実性やチャンスに備えるために蓄えているわけですから、場合によっては当期の分のみならず、過去に稼いだ利益相当額までを費用としてつぎ込んでもよいかもしれません。

ただ、滅多に訪れないそんなチャンスは色々な試行錯誤の結果生まれます。話はループしますが、試行錯誤にはここで言うアソビの活動も大いに含まれます。

今わかりやすいチャンスがないなら費用を使わないというのもよいですが、それは未来の可能性を削ることかもしれません。この意味も含めて「経営者の皆様、アソビを軽視することなかれ」というのが私の主張です。経営者がタイムリーな数値把握をし続ける目的の1つに「アソビに使える費用枠を把握するため」ということもぜひ加えてみてください。

5 「秒速決算」で数値報告会議を端折れるようになる

業績数値を説明してもらうだけの報告会議なんていらない

ある程度の規模の会社になると、経営会議や部長会などで数値の報告会議（以下この節の文中では、単に「会議」と言います）を行っているでしょう。通常は、売上高から営業利益までの数値をメインとして、早くて翌月の中旬程度に報告される感じでしょうか。各活動単位の責任者に時間が割り当てられ、それぞれが関連する数値、活動報告、今後の見通しといったところを順番に報告していきます。

▼何のための数値報告会議か

このような会議は、経営者が各活動単位の業績をいち早く把握するために行います。経営者は、売上や一部の経費などの断片的な数値を事前に把握できているかもしれませんが、売上高から営業利益に至る一連の損益情報については、この会議のタイミングではじめて把握できるようになります。

経営判断のためには正確な状況把握が必須ですから、このような会議が重要なのです。

しかし、経営者がタイムリーに業績を把握して、都度都度担当者に気になることを確認できる仕組みがあったらどうでしょうか。

みんなで顔をそろえて数値を報告し合い状況を共有するといった「コミュニケーション目的」の会議であれば別ですが、**「経営判断目的」の会議であれば、それ自体がいらなくなる**かもしれません。事実、「秒速決算」を導入している会社で、このような会議を開催しなくなった会社もあります。**経営者や管理者が会議なしでも数値を把握でき、タイムリーに経営判断ができるようになった**ためです。

「秒速決算」を導入すると、数値集計がオンライン化された上で即時共有されるので、わざわざ会計ソフトやExcelから成果物を抽出（印刷など）してもらわなくても、自分の好きなタイミングで数値を見にいくことができるようになります。いつでもどこでも数値を把握して気になるポイントをタイムリーに潰せるようになったら、会議の時間は必要なくなるのかもしれません。

数値報告会議をするにしても時間配分に強弱をつける

- 経営者が全体数値を把握した上で、気になる重点分野のみを話し合う
- 各活動単位の責任者全員が決められた時間内でそれぞれ報告する

会議のあり方としてはどちらも考えられますが、できれば**前者のほうが会議にかける時間を効果的なものにできるのでお勧めしたい**ところです。

しかしそのためには、**経営者が会議の「前」に全体数値に目を通し、焦点を当てるべきポイントをピックアップしておく必要があります**。現実的には、ただでさえ数値が出てくるタイミングが遅いのでそれは難しく、実際は後者のケースが多いように思います。

経営者にとって会議がはじめて前月の業績を把握する場となるため事前の検討ができないのです。また、報告者が会議の準備をしてしまっているので、会議中のタイミングでは詳細な報告不要と思う部分があったとしても、途中で遮るのはためらわれます。長めにこの点を深掘りしたいのに、と思っても、各報告時間が決まっているので、会議中での深掘

りは難しいかもしれません。

子会社も含めて10人以上が延々と報告していく会議に半年程度継続して参加したことがありますが、ちょっとした修行の場でした。各活動単位のサイズや、やっていることはバラバラなのですが、それぞれにドラマがあり、各責任者は自分の活動単位に責任とプライドを持っていますので、それなりの内容の報告になります。そうすると、全部の内容に厚みがあり、報告を受ける側としても時間がかかる上（だいたい昼スタートで夜まで）、相当疲弊します。報告を受ける経営陣の中には、自分と関係ない事業の報告を受ける時間もあり、退屈な思いをしていた人もいたかもしれません。

ちなみに私は、**利益体質を強化するためには、経営者（特に社長）は細かい部分まで活動単位をブレークダウンして会社の状況を把握するべき**と考えていますので、このような会議の形を否定するわけではありません。

しかし、少し**俯瞰して全体を見ると、「その報告についてカットしても全社的には全く影響がないだろう」という内容が多々含まれている**ことに気づきます。

また、こういう報告形式の場合、**1つひとつの活動単位の印象が残る一方で、全体を見失う可能性もあります**。まさに木を見て森を見ず、という状態になりがちです。

ここで、２１６～２１７ページに掲載した図5-1を再掲します。

図5-1　活動別損益（共通費の負担なし）

棒グラフの高さ：売上

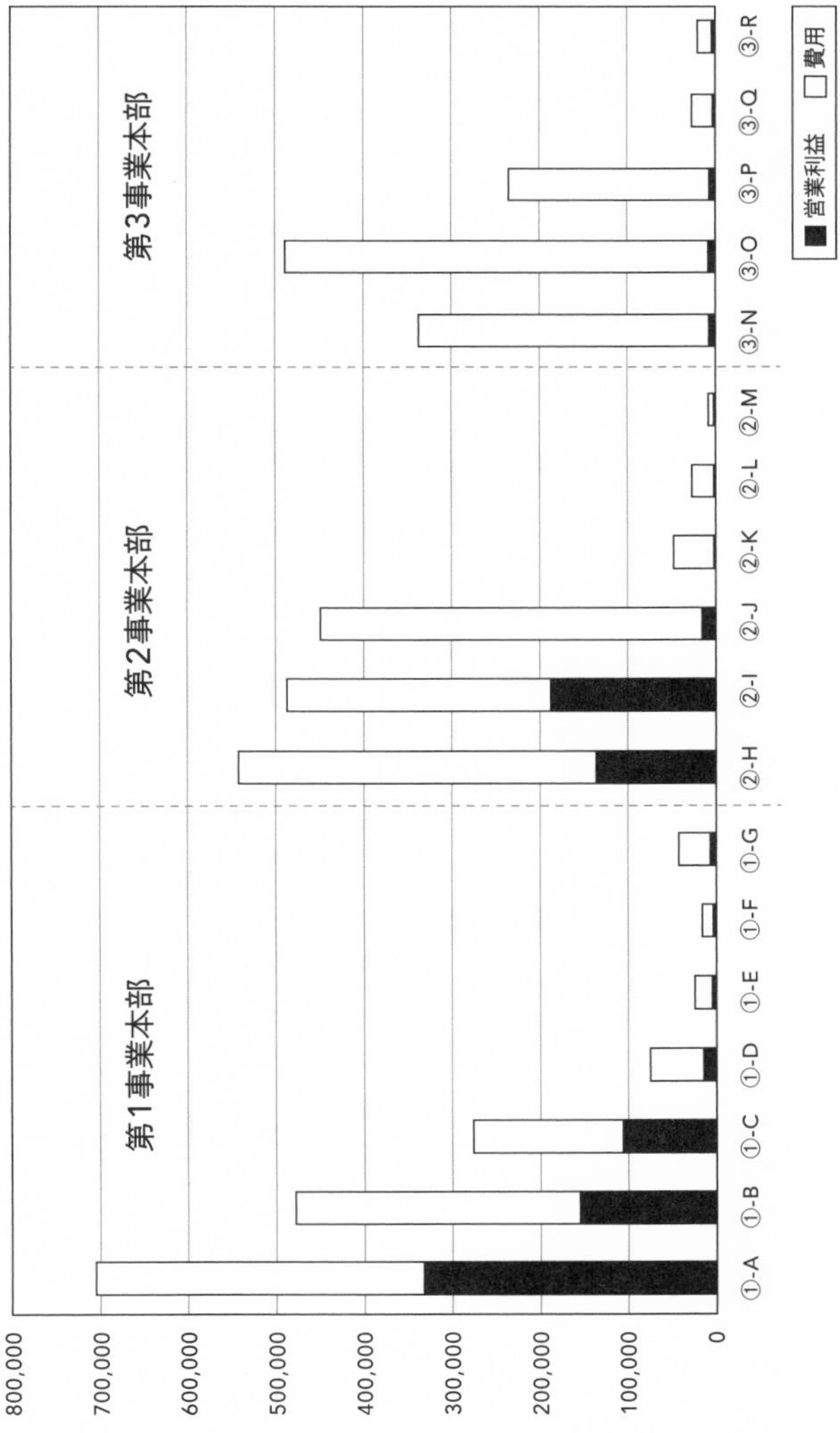

細分化した活動単位は全部で18個あります。
もし、この図（全体に占める各活動単位のボリュームを把握するための例示）を見る前だったら、それぞれの状況を把握できていない段階なので、18個の活動単位それぞれの報告をしてもらいたいという気になるかもしれません。しかし、この図を見た後だったら全部の説明はいらない、と思うのではないでしょうか。

事業本部が3つしかないので、事業本部単位で報告を受ければ報告数が少なくて済むのでは、と考える方もいらっしゃるかもしれませんが、**大きなくくりにすればするほど、よい部分と悪い部分が混ざってしまい、緻密な経営判断がしにくくなります**。そのため、**状況はできるだけ細かい単位で把握すべき**と考えます。

しかし、あまりにも事業規模に強弱がある中、全部に時間を費やして報告までしてもらう必要があるかというと、毎月でなく、3カ月に1回とか半年に1回でよい内容が含まれているかもしれません。

ここでお伝えしたいことは、**経営者は会議の前に、全社業績および、それを構成する各活動単位の業績も細かく把握した上で、その中から気になる重点項目をピックアップし、その内容のみを討議するのがよいのでは**、ということです。

つまり、会議を受動的な内容ではなく、**経営者にとって能動的なものにする**のです。社外役員などの外部者へ報告する場合も同様です。まずは会社全体を俯瞰的に捉え、それを構成する重要な内容のみを選択の上、討議の対象にすると同じ時間でもより有意義な会議にできます。

特に、210ページ以降の「やめる」や228ページ以降の「変える」といった**経営判断をしようとする経営者にとっては受動的でなく能動的な会議が必須**であり、「今回の会議はこの活動単位にフォーカスして議論しようと決める」事前の絞り込みが重要です。

ただし、会議のタイミングではじめて経営者が業績を把握できるような体制では、経営者にとっての能動的な会議はできようがありません。経営者が全体および細かい活動単位までの数値をタイムリーに把握できる体制が、能動的な会議のためには必要です。

6 「秒速決算」で変わる世界

会社の操縦、説明がもっと上手くなる

「秒速決算」を導入すると、経営者が階層を飛び越えた末端部門の数値までもタイムリーに把握できるようになります（15ページ）。応用すれば、それらの期末までの着地見込みも見える化できるようになります。

気になる点があれば、その責任者にすぐ質問して問題を先送りすることなく解決していきます（階層を飛び越えたやりとりが問題にならないように、その点は気をつけてください）。

数値の集計はオンラインで行われ即時共有されるので、ネットワークにつながっているところでスマホやパソコンさえあれば、いつでもアクセス可能です。

そのため、**経営者にとっての社内のブラックボックスは常時ほぼゼロ**になります。

営業利益予算の達成のために今いくら足りないか、なぜこの部署は広告費が予算よりも多くかかっているのか、この部署の来月の売上（見込み）はなぜ伸びるのか、この部署の売上はなぜ下落傾向なのか、といったことが細かい範囲までタイムリーに把握できるようになるのです。

ブラックボックスがない状態になれば、会社を細部までコントロールしやすくなりますし、株主や銀行といった外部者への説明もさらに上手くなります。

重箱の隅をつつくような細々した気回しは経営者に求められていないので、細かいところばかりを気にかけないバランス感覚が必要ですが、「秒速決算」の導入によって、今まで見えにくかったことまで簡単に見えるようになり、ブラックボックスになっていたことによる不安やモヤモヤはきっと晴れるようになるでしょう。

やる気がある社員から愛される経営者に近づく

社員にとってよい会社とは、やりがいがある仕事をさせてくれる会社、きちんと自分のことを評価してくれる会社、そして何より給料をたくさんくれる会社です。

その全ての前提は、儲かっている事業を行っている、あるいは将来儲かりそうなエキサイティングな事業を行っていること、ではないでしょうか。

そもそも儲かっていない会社は、社内の雰囲気もよくなく、ジリ貧で、社員にとってやりたくない仕事も引き受けがちです。今のことに必死なので未来投資も少なく、希望が持ちにくい。売上や利益といった目に見える貢献以外に社員を評価する余裕がなく、仮に評価できたとしても、会社が儲かっていないので社員の給料は低いままの状態となります。社員にとってのよい会社とおよそ真逆の状態です。

経営者は人柄がよいに越したことはありませんが、儲かっていなければ社員にとっては何の腹の足しにもなりません。**社員にとってよい経営者とは、第一に儲かる会社を作ることができる人**なのです。

そんな中**「秒速決算」は、利益体質を強化する、つまり儲けを増やすために導入します**。よい活動と悪い活動をタイムリーに見極め、よい活動にリソースをフォーカスできるようにします。時には「やめる」選択により社員につらい思いをさせるかもしれません。しかし、一時つらい思いをしても、会社が儲かり成長を続ける限り、それについていければ自分も成長でき、**給料も適切に上がっていきます**（「秒速決算」では活動単位の採算が明確になるので、経営者が社員を評価しやすく、給料（ボーナス）を上げる理屈を作りやすくなります）。

そして、給料が高い会社には優秀な人材が残り、集まりますので、そんな人たちに辞められないように社員に対する配慮も手厚く、評価制度もしっかりしてきます。

会社が儲かると社員にとってもよいサイクルが回り出すのです。会社が大きくなるにつれ、ついていけない社員は「昔はよかった」と愚痴が増えるかもしれませんが、**やる気のある社員にはチャレンジングな機会が訪れ、よい面がどんどん増えていきます**。

そんな**好循環は経営者が作り出す**ものです。社員にとってよい会社を作る経営者は当然尊敬され、愛されます。

経営者からすると、社員に好かれることを優先して経営しているわけではありませんから、社員に愛されなくても別に構わないかもしれません。しかし、会社が人で成り立っている以上、雇う側と雇われる側の立場の違いはあるものの、良好な関係下で仕事ができるのに越したことはないはずです。

経営者にとって好ましい社員が育つ

経営者にとって好ましい社員は、**自分で能動的に考え、行動し、会社にとってよい結果**

を残す人です。その上リーダーシップを発揮して、チームをまとめあげてくれたらもう最高です。

経営者の中でもそうそう見つけ出せないそんな人物像を社員に求めるのは無理があるような気がしますが、それでも多くの経営者はそういう人材の出現を願っています。

経営者にとって好ましい、そんな社員が自然とどんどん出てくるような会社作りは難しいでしょう。しかし、訓練により近づけていくことはできるかもしれません。そのための1つの手段として「秒速決算」を教育ツールとして利用するのです。

「秒速決算」では、細分化された各活動単位にそれぞれ責任者が配置され、売上高のみならず営業利益に至る各数値の管理を一気通貫で任されます。そして予算があれば、その達成責任も委ねられるので、**責任者は不足があれば考え、チームをまとめあげ、成果を挙げることができるよう能動的に動かざるをえない**のです。

任された活動単位に関して、各責任者はあたかもその範囲における経営者のように立ち振る舞わなければならなくなります。

また、自分たちの管理する数値がタイムリーに経営者に見られるようになるため、そのプレッシャーは小さくなく、そんな緊張感が彼らをさらに成長させます。

そのような環境を用意することにより、**経営者は社員を経営者見習いとして教育する**のです。もちろん各責任者には、経営者にはある、人事権や予算決定権といった多くの権限がないと思いますし、そもそも経営者としての耐性が十分でないため、経営者による伴走は必須です。経営者は、社員に責任を持たせつつも適時フォローし、そして頑張りを見て成果が出た分をきちんと評価してあげてください。そうすると社員のモチベーションが上がり、もっと頑張るようになります。

なお、できる社員は過酷な環境で勝手に育つものだ、という考えもありますので適度な距離感で見守る姿勢も大事かもしれません。

いずれにせよ重要なことは、**経営者に近い感覚の社員を増やすことで、経営者自身が楽になり、組織力がアップする**ということです。

ぜひ、よい社員を育ててください。

結束力あるチーム作りを目指して

「秒速決算」では、現場社員がそれぞれオンライン上の管理表にアクセスし、数値を更新していきます。そして、それぞれの数値の更新結果として活動単位の営業利益が自動的に算定されます。

関わるメンバーはみんなが管理表にアクセスするわけですから、そのたびに目標値と実績値の差が目に入る状況となります。そして同じ管理表を経営者がタイムリーに見ているということも知っています。

責任者から現場社員それぞれに目標値が与えられているかもしれませんが、**経営者が気にしているのは活動単位全体の数値**ですので、現場社員は自分の目標を達成することと同時に、**チームで達成するべき目標も意識**せざるをえません。

個人の結果もチームの結果もどちらも重要であることを、メンバーみんなが自覚するその環境がチームを結束させるのです。活動単位全体の目標はメンバー全員の目標にもなり、一丸となって達成することでチーム全体が評価されるようになります。

結束したチームは知恵深く、困難にも強いので、個人が個別に頑張るだけの環境よりもよい結果が生まれやすいです。そして、そのよい結果がさらにチームの結束を強めていきます。

チームで1つの目標に向かい、その目標を達成したときの喜びはひとしおです。そんな好循環のチームに属せたらメンバーにとってよい職場環境となることは間違いないでしょう。

第6章

未上場会社のオーナー社長の皆様への言づて

未上場会社のオーナー社長は、マイペースに仕事をしている場合が少なくありません。

そのため「秒速決算」のような仕組みを取り入れる意義をあまり感じられないかもしれません。そもそも上手くいっているうちは周りの誰にも迷惑をかけないため、タイムリーに数値を把握して利益体質を強化させる必要性が低いのです。

しかし、幕引きのことまで考えた場合はどうでしょうか。

利益体質の強化こそがハッピーリタイアに結びつきますので、未上場会社のオーナー経営者にとっても数値とタイムリーに向き合う体制は無関係ではないはずです。

これからの時代のオーナー社長の幕の引き方

会社を外部に売却するという選択

オーナー社長も自然人である以上、いつかは会社から離れる時がきます。後継者がいる場合は後継者に承継し、後継者がいない場合は廃業する。来たるべき時に備え、いずれかの選択を準備するべきです。

いくつか選択肢がある中、もしあまり後のことを考えられていない場合は、**会社を外部に売却するという選択を持ち、それに備える**ことをお勧めします。

会社を売却するとなると残す社員のことが気になるはずです。しかし、日本では簡単に社員のクビを切れませんし、売却の際の条件に社員の雇用を継続させることなどを自由に盛り込めますので、実際は必要以上に心配することはありません。

むしろ売却先によってはさらに会社を伸ばしてくれて、社員にとってもハッピーな状況になるかもしれません。

オーナー社長が若く、まだ気力十分なのであれば自身が残って一緒に続けることだってできます。基本的に売り手に多くの選択権があり、売却後の会社のあり方についてもある程度自由に決められるのです。御社が優良企業であるほど買い手候補はたくさんあり、嫌なら売らなければよいだけの話です。

▼なぜ会社売却がよいのか

オーナー社長に会社売却を勧める一番の理由は、**手元に残るお金を最大化できる**からです。ご存知の通り給料には毎年高い税金がかけられ、手元に残る金額は額面に比べてかなり少額になります。

一方で会社売却の際は、売却益（売却額－取得原価）に対して地方税込みで20・315％の税金しかかかりません（今後変わるかもしれませんが）。もし10億円で売却できれば手残りが約8億円になるのです。

それだけのお金を手元に残すのに、給料でもらい続けたらいったい何年かかるでしょうか。もし税金で半分持っていかれている状態であれば、8億円を手元に残すのに合計16億円の給料をもらう必要があるのです。16億円に至るまで給料をもらい続けている間、会社が順風である保証はありません。途方もない期間を経営者として大変な思いをしながら過ごした結果、やっと得られるお金かもしれません。

その手残りを、1回の取引で実現してくれるのが会社売却なのです。

後継者プランも廃業プランもなく、だらだら会社を続けるくらいなら、多額の手元現金を作って心機一転新しい人生プランを考えるのも悪くないのではないでしょうか。

こうした観点から、私は、将来の幕引きプランをまだ練っていない未上場のオーナー社長には会社売却の選択肢を持つことをお勧めしています。

▼会社の一部売却という選択

オーナー社長を中心とした現経営陣のみで経営を続けるよりも、会社売却により成長を加速させることができる場合があります。実際に、会社を売却した後は買い手の優良なコネクションや優秀な人員の投入により今までとは違った視点がもたらされ、よい作用がもたらされることが多いです。

そんな場合は、全部を売らずに一部の持分を残して経営に参画し続ける選択もありえます。残りの持分について買い手と一緒にさらに価値を上げるのです。

図6-1　一部売却の算段例

	売却しなかったら	一部売却したら	
5年後の会社の価値（見込み）	50億円	200億円	a
5年後の持分	100%	30%	b
5年後の持分価値（見込み）	50億円	60億円	c=a×b

特に、今の体制で会社を継続させた数年後の100%分の価値と、一部売却して買い手のグループ企業として成長させた数年後の残り分の価値を想像し、後者のほうが多くなりそうなケースでは、今売却してグループ傘下に入る経済的メリットはとても大きそうです（図6-1）。売却により株式公開できる確率が上がるような場合、後者のほうが価値が多くなる可能性は十分にあります。

一般的に、株式公開すれば未上場の状態に比べ株の価値は格段に跳ね上がるわけですから、今までの成り行きで成長を続けた結果としての100%分を未上場株として持っているよりも、数十%分を上場株として持つほうが価値が高くなるかもしれません。

会社はいくらで売却できるのか

御社はこの世にたった1つのものですので相場なんてありません。買いたい人の買いたい値段と、売りたい人の売りたい値段が合致するポイントで売却額が決まります。

とはいえ、買い手には競合がいますので他社に負けない値段を売り手に提示しなければなりません。その参考とするのが、上場類似会社のデータです。

ここでは難しい話は一切カットし、まず次のように考えてください。

- **売却目安額 ＝ 御社の EBITDA × ○倍 ＋ 現金預金 － 有利子負債**
- EBITDA ＝ 正常営業利益 ＋減価償却費（前期実績ないし当期見込値で算定）
- 「○倍」の箇所が上場類似会社をベースに算定される値となるが、近年の未上場会社の売却の場合は3～8程度の範囲になることが多い。買い手が会社売買を事業とする会社（ファンドなど）の場合は比較的高い倍率になり、事業会社の場合は低い倍率になる傾向。また、事業内容によってこの倍率は変わる

近年の会社売却の際には、類似する事業を行っている上場会社のEV/EBITDA倍率（右の式の「○倍」のところ）を用いて、売却額の目安を算定することが多くなっています。

EBITDA

Earnings Before Interest, Taxes, Depreciation and Amortizationの頭文字をとった略字です。読み方は「イービッダー」「イービットディーエー」「イービットダー」など様々です。金利、税金、減価償却費を控除する前の利益ということで、実務では営業利益＋減価償却費（のれん償却なども含む）と押さえておいてもらえば十分です。超簡便的な営業キャッシュフロー（本業で生み出すお金）の算定方法として利用されます。

ちなみに未上場会社の場合は、株の流動性が低い（売りにくい）ことから上場会社の倍率から3割〜5割程度割り引きされます。たとえば、類似の事業を行っている上場会社の倍率（複数社あればその平均値など）が10倍であれば未上場会社の倍率は5倍〜7倍と算定されます。

この方法による算定額は、身近なデータ（御社内のすぐ入手できるデータと公表されている上場会社のデータ）からすぐに求められるため、もともとは初期検討用の簡易的な値として扱われていたのですが、近年の実務ではそのまま交渉額として扱われるようになり、その近似額が売却額として成立するようにもなりました。

そのほか実務では、「純資産＋当期純利益5年分くらい」や「現預金－有利子負債＋営業利益3年分くらい」という目安のつけ方をする買い手もいます（何年分かは、事業内容次第で変わるものであり、将来性のあるビジネスのほうが長い期間が見込まれます）。

いずれの方法であれ、将来数年分の利益を今の純資産（総資産から総負債を差し引いた額）や、純現預金（現預金から有利子負債を差し引いた額）に上乗せしても、長い目で見ると同額以上に稼ぎ出せる見込みであり、「損をしない」という買い手の目論見からこのような算定方法としているのだと考えられます。

正常営業利益

中小企業では会計処理が誤っていることがあり、ここで補正します。また、売却後に発生しなくなるオーナー企業特有の費用（多額の役員報酬、社宅、交際費など）は今後発生しなくなるため、それもここで補正します。なお、進行期の着地見込額は数値の信ぴょう性が現時点でわからないため、通常は前期実績値を用いますが、蓋然性が高い説明ができたり、そのほかの交渉によって当期見込値を用いることができる場合があります（買い手の理解と交渉者の腕次第）。

会社を高く売却するために

会社を高く売却するためには、現預金や優良資産を増やすこと、有利子負債あるいは負債総額を減らすことがポイントになりそうだと、どの算式からもうかがえますが、それ以上に、**「営業利益を増やすこと」が最重要**であることもわかります。

ざっくり言うと、**営業利益を増やすと会社売却額がその数倍に膨れ上がる**のです。

当期純利益に重きを置く買い手もいますが、当期純利益は営業利益に従属的に増えますので（42ページ）、営業利益をターゲットにするのと同義と捉えてよいでしょう。EBITDAも営業利益をベースに算定されるので同様です。

そのため、中小企業のオーナー社長の皆様には、**会社を高く売却するためには営業利益を増やすことが肝心であり、「会社売却に備える」ということは営業利益をできるだけ増やした状態に持っていくことである**という大枠を理解してもらえればと思います（ついでに借金も減らして純現預金を増やしましょう）。

ここでも結局、営業利益が重要だ、という本書の本旨につながりました。

やはり**営業利益は大事**なのです。

EV／EBITDA倍率

EVはEnterprise Valueの頭文字をとった略字であり、事業価値を意味します。EVをEBITDAで割った値がEV／EBITDA倍率です。EVは、簡便的には「株式時価総額＋有利子負債（借入金や社債など）－現金預金」として算定します。ちなみに、本文記載の「売却目安額」の算定は、いわば株式時価総額を算定するための式であり、上記EV算定式の組み替えとなります（株式時価総額＝EV＋現金預金－有利子負債）。

ちなみに、営業利益を増やし、借金も減っている状況であれば、仮に後継者ができた場合でも会社を引き継がせやすいです。**会社売却に備えるということは、会社売却、事業承継いずれの方法による場合でもオーナー社長の交代を容易にする**のです。

営業利益の増やし方については直接的・具体的な内容ではなかったかもしれませんが、私の考え方はしつこいくらい記載してきたので、次のまとめくらいでもう十分でしょう。

まずは、粗利率が高くても売れる、差別化された商品・サービスを創って、量産体制を整え、たくさん売ってください。
そして、お客様のニーズをくみ取り、提供する商品・サービスを改良させ、変化させ、売り方を見直し続けてください。
時には不要なものをそぎ落とし、経営リソースを儲かることに集中させましょう。
全ての判断のきっかけは、正しい数値とタイムリーに向き合うことから始まります。

苦労して立ち上げた会社を成長させ、いつか巣立たせるために、オーナー社長の皆様には一段と頑張っていただき、成功物語を完成していただければ何よりです。

このような算定方法
ここでは詳細を割愛しますが、専門家が行う未上場会社の株価算定実務では、これらのような簡便法ではなく、会社の価値を追究する別のロジック（DCF法や多面的な類似会社比較法など）を用います。専門家による株価算定実務は通常、本文記載のような内容ではなく、そのため買い手の目論見額と乖離する場合がある旨、念のため申し添えておきます。

おわりに

本書で記載してきたような数値管理の手法は、私が取り上げるまでもなく、すでにいくつもの会社で導入されています。そもそも本書の内容は、私が関与させていただいてきたクライアント企業様との経験の中で、「優良」な内容のみをピックアップしてまとめているものです。全く同じではないものの、似たような実例は多数あるわけです。

また、極端なことを言ってしまえば、単に数値を集計して足し算と引き算をするだけの話なので、その気になれば導入の手間も大したことはないと思われるかもしれません。

他社の成功例もあり、その導入も簡単そうであるものの、それでも再生会社や上場準備会社のような「利益体質の強化を迫られた会社」を除く、「平穏な会社」が、本書のような体制を新たに導入するためのハードルは低くないのではと思います。

● 経理社員以外が数値を集計して管理する？　抵抗されそうだしミスも増えそうだ

- 適当な予測数値を見せられたらかえって経営かじ取りをミスリードしてしまうよ
- 今順調なのに新しい仕組みを入れて社員のモチベーションが下がったら困る

このようなネガティブな声が聞こえてきそうです。

「秒速決算」の導入で得られる効果について興味を持っていただいたとしても、社内の抵抗などを想像し、その導入に不安を覚える方は段階が必要かもしれません。

段階を踏むために、まずは「秒速決算」によるアウトプットのみを「マネジメントツール」として利用するのはいかがでしょうか。当初の数値更新は、経理の月次データなどを元に行います。「秒速決算」の本来の趣旨である、スピーディかつタイムリーな数値把握による「利益体質の強化」はこの段階ではできないかもしれませんが、そのアウトプットは、経営者や管理者によるマネジメント目的としてだけでも機能するのではと思います。

なぜなら、会社の業績をオンライン上で見られるようになる、つまり業績情報へのアクセスが容易になるからです。過去を振り返る際も、いちいち専門部署からの資料提出を待つ必要はありません。細かい部門単位の予算と実績の差異がどうなっているかも、数クリック（あるいはスマホで数タップ）で見ることができるようになります。共有機能の利用により、一部門の業績のみを関連する幹部社員に共有することも簡単です。

好きなタイミングで、いつでも、会社の隅々まで細かく業績を把握したい経営者や管理者にとって、「秒速決算」によるアウトプットそのものが有用なのではないでしょうか。多くの幹部社員が「秒速決算」によるアウトプットに慣れ、そのマネジメントツールとしての利便性を実感できるようになったら、「秒速決算」導入に関する社内抵抗は当初よりは薄れているはずですので、次の段階に移行しましょう。

このタイミングではじめて数値の更新を現場社員に行ってもらうようにします。そこから、スピーディかつタイムリーな数値把握による「利益体質の強化」がスタートします。

ちなみに、私は「秒速決算」の導入支援を大企業向けに行った経験はありませんが、大企業も紐解けば小さい組織の集まりであり、それぞれの小組織にとっては本書のような話は関係あるのではと感じています。もちろん、会社として一枚岩にならなければならないため、理念やビジョンをはじめとする内部統制を整備して、短期志向でなく中長期の目標を持って経営に取り組む必要があるでしょう。中堅企業とは、根本的にマネジメントの仕方が異なるかもしれません。しかし、そのトップダウンによる基本軸をずらさなければ、小組織ごとに利益体質を強化させることは有意義なはずです。全社で導入せずとも、ある部門のみ単独で、その管理者主導により「秒速決算」を導入する選択肢があってもよいかもしれません。

おわりに

さて、本書も終わりが近づいてきました。

不躾ながら言いたい放題述べてまいりましたが、読者の皆様の会社を変えるのは、皆様をおいてありませんので、ここから先は皆様自身に考えていただきたいと思います。

言うまでもなく「秒速決算」とは会社が儲かるための本質ではなく、単なるツールです。導入したからといってこれのみで会社が儲かるようにはなりません。大事なのは世の中の変化を感じ、世の中のニーズにマッチする事業を創っていく皆様の思いと知恵と行動です。

本質を突き詰めて、やるべきことに集中して取り組んでください。その過程で、本書の中に多少なりとも皆様のお役に立てる部分があれば嬉しく思います。

読者の皆様の会社が末永く発展することを願っています。

最後に、本書を通じて読者の皆様とご縁をいただけましたこと、深く感謝いたします。

本書を最後までお読みいただき、まことにありがとうございました。

令和三年九月

株式会社ＫＭＳ　川崎　晴一郎

著者紹介

川崎 晴一郎（かわさき・せいいちろう）

公認会計士・税理士

KMS経営会計事務所、株式会社KMS代表

2007年に有限責任監査法人トーマツを退所と同時に独立。クライアントの「経営見える化支援」をミッションとした、会計事務所、コンサルティング会社を経営。
特に、業務で「成果を挙げられた」と実感するシーンは、手がけた支援により「経営が見える化」され、それをきっかけに、潰れそうな会社が復活したり、停滞している会社が業績を伸ばせるようになった時。それらのクライアントと作り上げてきた「成果を挙げられた」体制が本書にまとめた内容となる。
その経験は、社外役員や顧問への就任を通じ、上場会社や上場準備会社を含む100社以上の経営者と向き合い、延べ1,000回以上の経営会議にも参加し、各社の支援を直接的に手がけてきたことにより培われてきた。
「経営見える化支援」の一環として、グチャグチャになってしまった会計帳簿を整理し、経理体制を再構築する業務も頻繁に行っている。

本書のテーマである「秒速決算」体制の導入支援は、オリジナルシステムの開発を経て積極展開中。「経営見える化」への貢献度が高く、クライアントより好評を得ている（https://b-kessan.jp）。

コーディネート
小山睦男（インプルーブ）
カバーデザイン
Art of NOISE
本文デザイン／レイアウト
BUCH+

お問い合わせについて
本書の運用は、お客様ご自身の責任と判断によって行ってください。本書の情報に基づいて被ったいかなる損害についても、筆者および技術評論社は一切の責任を負いかねます。
本書の内容に関するご質問は、弊社ウェブサイトのお問い合わせフォームからお送りください。そのほか封書もしくはFAXでもお受けしております。
本書の内容を超えるものや、個別の事業コンサルティングに類するご質問にはお答えすることができません。あらかじめご了承ください。

〒162-0846
東京都新宿区市谷左内町21-13
（株）技術評論社　書籍編集部
『秒速決算』質問係

Web　https://gihyo.jp/book/2021/978-4-297-12372-7
FAX　03-3513-6183

なお、訂正情報や追加情報が確認された場合には、https://gihyo.jp/book/2021/978-4-297-12372-7/support に掲載します。

秒《びょう》速《そく》決《けっ》算《さん》
～スピーディに人《ひと》を動《うご》かす管理会計《かんりかいけい》で最高《さいこう》の利益体質《りえきたいしつ》をつくる！～

2021年10月30日　初版　第1刷発行

著　者　川崎《かわさき》　晴一郎《せいいちろう》
発行者　片岡　巌
発行所　株式会社技術評論社
東京都新宿区市谷左内町21-13
電話　03-3513-6150　販売促進部
03-3513-6166　書籍編集部

印刷／製本　港北出版印刷株式会社

定価はカバーに表示してあります。

ISBN978-4-297-12372-7 C0034
Printed in Japan